Principios BÁSICOS para PONER en PRÁCTICA la VIDA DE IGLESIA

Witness Lee

Living Stream Ministry
Anaheim, CA • www.lsm.org

© 2004 Living Stream Ministry

Todos los derechos reservados. Ninguna parte de esta obra puede ser reproducida o trasmitida por ningún medio —gráfico, electrónico o mecánico, lo cual incluye fotocopiado, grabación o sistemas informáticos— sin el consentimiento escrito del editor.

Primera edición: mayo del 2004.

ISBN 0-7363-2596-4

Traducido del inglés
Título original: *Basic Principles
for the Practice of the Church Life*
(Spanish Translation)

Publicado por
Living Stream Ministry
2431 W. La Palma Ave., Anaheim, CA 92801 U.S.A.
P. O. Box 2121, Anaheim, CA 92814 U.S.A.

Impreso en los Estados Unidos de América

04 05 06 07 08 09 / 9 8 7 6 5 4 3 2 1

CONTENIDO

Título *Página*

  Prefacio 5

1 La iglesia —el propósito eterno
  y el misterio escondido de Dios—
  y su fuente, función y práctica 7

2 La expresión, el contenido y el orden de la iglesia 21

3 La autoridad en la iglesia 35

4 Los estatutos de la iglesia 45

5 La oración de la iglesia 59

6 La guerra espiritual que realiza la iglesia 73

PREFACIO

Este libro se compone de mensajes que el hermano Witness Lee dio en un entrenamiento celebrado el verano de 1963 en Altadena, California. Los mensajes no fueron revisados por el orador.

Capítulo uno

LA IGLESIA —EL PROPÓSITO ETERNO Y EL MISTERIO ESCONDIDO DE DIOS— Y SU FUENTE, FUNCIÓN Y PRÁCTICA

Lectura bíblica: Ef. 3:11, 9; Jn. 3:26-30; 2 Co. 5:1

Oración: Señor, te agradecemos por este tiempo en el que podemos reunirnos para aprender algo de Ti. Señor, sentimos que no somos aptos para ministrar delante de Ti sobre tal asunto, así que confiamos en Ti para que suplas todas las necesidades. Señor, te imploramos que nos abras Tu Palabra para que a partir de ella, por medio de ella y en ella podamos ver algo de Ti mismo y de Tu Cuerpo. Señor, revélanos las cosas celestiales de modo que en estos últimos días podamos recibir la visión celestial. Lo pedimos en Tu precioso nombre. Amén.

EL PROPÓSITO ETERNO DE DIOS

La iglesia es un gran tema en la Biblia. En estos pocos capítulos sólo podremos ver algunos principios prácticos acerca de la iglesia, sin entrar en muchos detalles.

En primer lugar, la iglesia se relaciona con el plan eterno de Dios, es decir, con Su propósito eterno. La iglesia fue diseñada por Dios en Su plan eterno; obtener la iglesia fue algo que Dios se propuso en la eternidad y para la eternidad. Efesios 3:10-11 nos proporciona la base bíblica para hablar respecto de la iglesia como algo relacionado con el propósito eterno de Dios. El versículo 11 dice: "Conforme al propósito eterno que hizo en Cristo Jesús nuestro Señor". La palabra griega traducida *propósito* significa "plan". Dios trazó un propósito, Él concibió un plan, y este propósito o plan es llamado el propósito eterno. En la eternidad pasada, antes de la fundación del mundo, antes de que los cielos, la tierra y todas las cosas fueran creadas, Dios se propuso obtener algo en el futuro, en la eternidad venidera; por tanto, dicho propósito es llamado el propósito de la eternidad, el propósito eterno. Muchos pasajes en el Nuevo Testamento dicen que este propósito no sólo fue algo hecho en Cristo, sino también para Cristo.

Ahora debemos preguntarnos en qué consiste este propósito. El versículo 10 dice: "A fin de que la multiforme sabiduría de Dios sea ahora dada a conocer por medio de la iglesia a los principados y potestades en los lugares celestiales". El propósito eterno de Dios consiste en que Él obtenga una iglesia. En todo el universo, la iglesia es el tema, el centro y el contenido del plan eterno de Dios. Esto debe hacernos comprender que el hecho de que hayamos sido salvos para ser miembros de la iglesia no es algo cuya finalidad sea esta era actual, pues fue algo propuesto y planeado por Dios mucho antes de la fundación del mundo.

En la eternidad pasada, y con miras a la eternidad futura, Dios planeó y se propuso obtener una iglesia en Cristo y para Cristo. Por tanto, la iglesia no es temporal, sino eterna. Ciertamente la iglesia está presente en esta era y a lo largo del tiempo, pero fue concebida en la eternidad pasada y para la eternidad futura. La iglesia es una entidad eterna en el propósito eterno de Dios, y es el centro y el tema del plan eterno de Dios. Dios planeó en la eternidad pasada tener la iglesia, y Él espera tener la iglesia en la eternidad venidera.

EL MISTERIO ESCONDIDO EN DIOS

A lo largo de todas las generaciones antes de la era del Nuevo Testamento, la iglesia era un misterio. El término *misterio* indica que algo estaba escondido, de modo que nadie tenía conocimiento de ello. ¿Sabe usted por qué creó Dios los cielos, la tierra y miles y miles de elementos? ¿Sabe por qué creó el linaje de Adán, a los seres humanos? Tiene que responder a esta pregunta diciendo: "Dios hizo todo esto con la finalidad de obtener la iglesia". La intención y deseo de Dios no es solamente tener los cielos, la tierra y diversos elementos; más bien, la intención y deseo de Dios en este universo es obtener la iglesia. Así que, todo fue creado por causa de la iglesia. Podemos dar un ejemplo de esto mencionando a un hermano que conocí en una ocasión. Este hermano estaba ocupado día tras día con muchos asuntos, pues estaba preparándose para construir una casa y amueblarla. Un día le pregunté cuál era el motivo de todos esos preparativos. Él respondió que todo tenía como objetivo que su hijo pudiera casarse con su novia. Éste es un ejemplo perfecto que tipifica lo que Dios hizo en la creación a fin de que Cristo tuviera Su novia. Los cielos, la tierra y todas las cosas creadas por Dios son como una "casa nueva" para que Cristo pueda casarse con Su novia; esto es, son los preparativos para que Cristo obtenga la iglesia.

La iglesia es el pensamiento central del propósito de Dios, pero antes de la era del Nuevo Testamento, Dios nunca le habló a nadie sobre esto. En la era del Antiguo Testamento, la gente miraba los cielos y podía decir: "Oh, qué maravilloso". Abraham una vez miró hacia el cielo para contar las estrellas, y el salmista dijo en el salmo 8: "Cuando veo Tus cielos, obra de Tus dedos, la luna y las estrellas que Tú formaste, digo: ¿Qué es el hombre, para que tengas de él memoria, y el hijo del hombre, para que lo visites?" (vs. 3-4). Sin embargo, si le pudiéramos preguntar a Abraham y al salmista con qué fin fueron hechos los cielos, no sabrían contestar. Sólo podrían decir que los cielos magnifican la gloria de Dios. Pero debemos recordar que los cielos no sólo existen para que la gloria de Dios se manifieste, sino también sirven de preparación para que Cristo obtenga la iglesia.

Los cielos, la tierra y todas las cosas fueron creadas por causa de la iglesia, pero antes de la era del Nuevo Testamento Dios nunca le dijo esto a nadie. Adán no lo sabía, Abraham tampoco lo sabía, Moisés no lo sabía ni tampoco David. Esto era un misterio; nadie en la era del Antiguo Testamento lo supo jamás. ¿Sigue esto siendo un misterio para usted hoy? Antes de que usted leyera este mensaje, es posible que no entendiera claramente por qué creó Dios todas las cosas, pero ahora ya no es un misterio.

El Nuevo Testamento declara que la iglesia era un misterio escondido en Dios. Efesios 3:9 dice: "Y de alumbrar a todos para que vean cuál es la economía del misterio escondido desde los siglos en Dios, que creó todas las cosas". Desde el principio del mundo, el propósito por el cual Dios hizo la creación estaba escondido en Él como un misterio. Todas las criaturas podían ver que había una creación, pero nadie sabía cuál era su propósito. Un día, el Señor vino y murió, resucitó, ascendió, descendió de nuevo como el Espíritu Santo y salvó a un grupo de personas. Algunas de estas personas eran apóstoles, profetas y maestros, quienes recibieron la revelación. El misterio escondido en Dios les fue revelado a ellos en aquel tiempo. Ellos vieron y llegaron a saber que el propósito de la creación era que Dios obtuviera la iglesia. La iglesia era un misterio escondido en Dios desde los siglos, hasta que en la era del Nuevo Testamento dicho misterio fue revelado a los apóstoles y profetas.

LA NATURALEZA, LA FUENTE Y LA ESENCIA DE LA IGLESIA

El primer punto que hemos visto es que la iglesia se relaciona con el propósito eterno de Dios, y el segundo punto es que este propósito estaba escondido en Dios como un misterio. Ahora debemos ver qué es la iglesia. Algunos podrían decir rápidamente que la iglesia es el Cuerpo de Cristo y la casa de Dios. A partir de 1828, cuando la Asamblea de los Hermanos fue levantada por Dios, se escribieron muchos libros sobre estos dos aspectos de la iglesia. Siempre que uno se reunía con la Asamblea de los Hermanos y hablaba con sus miembros, ellos afirmaban que la iglesia es el Cuerpo de Cristo y la casa de Dios. Desde la época de la Asamblea de los Hermanos hasta hoy, casi todos los cristianos que buscan más del Señor han llegado a saber esto. Esto es cien por cien correcto, pero deseo hablarles de una manera más subjetiva, es decir, en términos de nuestra experiencia. El Cuerpo de Cristo ciertamente es algo que se relaciona con nuestra experiencia, pero aún hay algo más subjetivo que esto. El Cuerpo de Cristo y la casa de Dios manifiestan la función de la iglesia; sin embargo, estos dos aspectos no nos muestran la naturaleza y la fuente de la iglesia.

Un término que puede ayudarnos a ver la fuente y la

naturaleza de la iglesia es la palabra *aumento*. La iglesia es el aumento de Cristo; por tanto, Cristo es la fuente de la iglesia y la naturaleza de la misma. La iglesia es algo que procede de Cristo; es Cristo mismo aumentado y agrandado. Estos términos que se usan para describir la iglesia son más subjetivos, o sea, se relacionan con nuestra experiencia. Cristo es el origen o fuente de la iglesia, y Él es también la naturaleza —e incluso la propia esencia— de la iglesia. Si una persona creciera cien veces más del tamaño que tiene ahora, seguiría siendo la misma persona, pero lo sería de manera aumentada y agrandada. Asimismo, la iglesia es el propio Cristo aumentado y agrandado.

La base bíblica para afirmar esto es Juan 3:30. En este versículo, Juan el Bautista habla del Hijo de Dios, Cristo, diciendo: "Es necesario que Él crezca, pero que yo mengüe". Hace más de treinta años me enseñaron, sobre la base de este versículo, que Cristo debe crecer en nuestra vida diaria, que Él debe ser agrandado para llegar a serlo todo y que nosotros debemos menguar hasta ser reducidos a nada. Esa enseñanza me ayudó mucho. En mi vida diaria, por la gracia de Dios, intenté ser reducido. "Ya no ... yo, mas ... Cristo" (Gá. 2:20); esto simplemente significa que yo menguo y que Cristo aumenta. Sin embargo, ése no es el significado correcto de Juan 3:30.

En estos últimos años hemos descubierto el significado correcto de este versículo conforme a su contexto. El versículo 26 dice: "Y vinieron a Juan y le dijeron: Rabí, mira Aquel que estaba contigo al otro lado del Jordán, de quien tú diste testimonio, bautiza, y todos vienen a Él". Los discípulos de Juan notaron que todos los hombres iban al Señor Jesús. Ellos no estaban contentos, así que fueron a Juan, su Rabí, y se lo contaron. Los versículos del 27 al 29 añaden: "Respondió Juan y dijo: No puede el hombre recibir nada, si no le fuere dado del cielo. Vosotros mismos me sois testigos de que dije: Yo no soy el Cristo, sino que soy enviado delante de Él. El que tiene la novia es el novio; mas el amigo del novio, que está allí y le oye, se goza grandemente de la voz del novio; así pues, éste mi gozo se ha colmado". A partir del contexto de estos versículos podemos ver que todos aquellos que vienen al

Señor para ser redimidos por Él, son la novia del Señor, y que el Señor es el Novio. Juan el Bautista no era el Novio; él era solamente el amigo del Novio. El Señor es el Novio, el que tendrá la novia. Después de esto, el versículo siguiente dice: "Es necesario que Él crezca". ¿Qué significa esto? Esto simplemente quiere decir que Cristo tendrá una novia, y que la novia es Su aumento. En el versículo anterior se menciona a la novia, y en este versículo vemos el aumento. Debemos subrayar estas dos palabras: *novia*, en el versículo 29, y *crezca*, es decir, aumento o crecimiento, en el versículo 30. El crecimiento o aumento que vemos en el versículo 30, corresponde a la novia que vemos en el versículo 29.

Podemos entender en qué manera la novia es el aumento al ver los tipos presentados en el Antiguo Testamento. El primer tipo presentado es Eva, la novia de Adán, la cual llegó a ser el aumento mismo de Adán. Eva fue la primera novia, y esta novia era el aumento de Adán. Adán era soltero, un individuo que no se había casado. Pero un día, el Señor Dios hizo que este soltero, este Adán solitario, durmiera. Mientras Adán dormía, Dios abrió el costado de Adán, tomó una costilla de él e hizo de esta costilla una mujer, esto es, hizo una novia como complemento o ayuda idónea de este soltero. Dicha costilla llegó a ser el complemento de Adán, su ayuda idónea. Así que, este hombre dejó de ser soltero. Había una pareja, pero la novia, la esposa, era el aumento de Adán. Antes Adán era soltero, pero ahora tenía una esposa, una ayuda idónea que le complementaba. Génesis 2 dice que estos dos llegaron a ser una sola carne. Estos dos no eran dos personas, sino una sola persona, la cual tiene dos partes que se complementan; la esposa era el complemento del marido, y el marido era el complemento de la esposa. Los dos formaron una persona completa, una pareja. Con esto podemos ver que una esposa es el aumento de su marido. Si hoy observamos a un marido y a su esposa, es posible que no nos demos cuenta de que la esposa es el aumento que provino del marido. Pero si pudiéramos ver a Adán y a Eva juntos, inmediatamente veríamos que Eva era el aumento de Adán, pues ella provino de él.

Eva fue formada de una costilla de Adán, lo cual indica

que la novia es el aumento del novio y que proviene del novio, como parte de él. Por tanto, la iglesia es una "costilla" del postrer Adán. La iglesia forma parte de Cristo, la iglesia proviene o surge de Cristo mismo. Un día, Dios hizo que Cristo durmiera en la cruz, y mientras Él dormía, Dios abrió el costado de Cristo, y algo salió de Cristo. Juan 19:34 dice que de Su costado salieron sangre y agua. La sangre tiene como fin efectuar la redención, es decir, redimirnos de nuestros pecados, y el agua tiene como fin dar vida, o sea, impartirnos la vida divina. De esta manera, llegamos a ser miembros de Cristo. Hablando en un sentido corporativo, todos nosotros llegamos a ser una entidad corporativa, el Cuerpo de Cristo, y este Cuerpo es la novia, el aumento de Cristo y Su complemento, Su ayuda idónea. Todos debemos entender lo que es la iglesia. La iglesia es el aumento de Cristo.

En el tercer capítulo del Evangelio de Juan vemos las palabras *novia* y *crecimiento* o *aumento*. Ahora veamos otra palabra, *regeneración*. Tenemos que ser regenerados, nacer de nuevo, por medio de Cristo. Juan 3 es un capítulo que trata sobre la regeneración, pero ¿con qué propósito regenera Dios a las personas? La regeneración tiene como fin producir una novia para Cristo. La regeneración produce los miembros del Cuerpo de Cristo, y el Cuerpo de Cristo es la novia que complementa a Cristo, Su aumento. Por tanto, Juan 3 habla de la regeneración, de la novia y del aumento. ¿Cómo podemos formar parte de la novia de Cristo? Mediante la regeneración. Cristo tiene que impartir Su vida en nosotros a fin de hacernos parte de Su novia. Así que, por medio de la regeneración, Cristo obtiene una novia, y esta misma novia es el aumento de Sí mismo.

Efesios 1:23 dice que este aumento es la plenitud de Cristo. La iglesia es el Cuerpo de Cristo, la plenitud de Aquel que todo lo llena en todo. Cristo es ilimitado, así que necesita un Cuerpo que sea Su plenitud. Como novia, la iglesia es el aumento de Cristo, pero como Cuerpo, la iglesia es la plenitud de la Cabeza. Una cabeza que no tenga cuerpo es algo muy pobre, puesto que no tiene plenitud alguna. El cuerpo de una persona es la plenitud de su cabeza, y un cuerpo grande es una plenitud agrandada. La iglesia, que es el Cuerpo de Cristo, es la plenitud de la Cabeza. La novia es el aumento del Esposo, y el Cuerpo es la plenitud de la Cabeza. El hecho de que la iglesia sea el aumento de Cristo nos muestra la fuente, la naturaleza y la esencia de la iglesia. La fuente, la naturaleza y la esencia de la iglesia son Cristo mismo, puesto que la iglesia procede cien por cien de Cristo y forma parte de Él. La iglesia es Cristo mismo aumentado y agrandado.

Ahora sabemos por qué Dios creó los cielos, la tierra, todas las cosas y el linaje humano: simplemente para que Cristo entrara en Su creación, se encarnara como hombre y así pudiera impartirse en el linaje humano, a fin de que un segmento del linaje humano llegara a formar parte de Él. Sin los cielos, la tierra y tantas otras cosas, no sería posible que existiera el linaje humano, y sin la existencia de dicho linaje, sería imposible que Cristo fuera aumentado. Para que exista un linaje humano y Cristo sea aumentado, es necesario que haya un universo que constituya el ambiente en el cual y por el cual los seres humanos puedan existir. Si el sol estuviera un poco más alejado de la tierra, nos moriríamos de frío, y si el sol estuviera un poco más cerca, todos nos quemaríamos. Sin embargo, la temperatura es exactamente la que se necesita en la tierra para que podamos vivir. Además, todas las vitaminas que se hallan en la vida animal y vegetal fueron dadas por Dios para que el hombre pudiera existir. Si estudiamos el universo desde este punto de vista, nos alegraremos al ver que el universo entero fue hecho y dispuesto por Dios con el propósito de que exista el linaje humano; y todo esto, con el fin de que Cristo pudiera venir, se encarnara como hombre y se impartiera en el linaje humano, para hacer que un segmento de dicho linaje llegara a ser Su novia, Su aumento. Ahora podemos ver la posición central que tiene la iglesia en este universo. El universo fue creado para que existiera el linaje humano, el linaje humano fue creado para que se produjera la iglesia, y la iglesia es el aumento de Cristo.

LA FUNCIÓN DE LA IGLESIA

El cuarto punto que debemos ver es la función de la

iglesia. Ahora podemos regresar al tema del Cuerpo de Cristo y la casa de Dios. Para Cristo, la iglesia es Su Cuerpo; Cristo es la Cabeza, y la iglesia es el Cuerpo. Para Dios, la iglesia es Su casa; Dios es quien reside, y la iglesia es la residencia. En principio, el Cuerpo y la casa son lo mismo. En el Nuevo Testamento vemos que nuestro cuerpo se compara con una casa. En 2 Corintios 5:1 dice que nuestro cuerpo es una casa, una morada. El Cuerpo es un recipiente que contiene la vida de la Cabeza, y la casa también es un recipiente, una residencia, la cual contiene a Aquel que mora en la casa. El cuerpo es un vaso, y la casa también es un vaso. ¿Dónde está Cristo? En el Cuerpo. ¿Dónde está Dios? ¿Dónde mora Él? En Su casa. En principio, hablar del Cuerpo y de la casa es lo mismo, porque tanto la casa como el Cuerpo son recipientes, vasos, que contienen a Dios y a Cristo.

Sin embargo, aún con esto existe una diferencia. La finalidad del Cuerpo como recipiente es expresar la vida que contiene. Por tanto, con el Cuerpo vemos el aspecto de la expresión. Todo lo que somos, todo lo que hacemos y todo lo que tenemos, se expresa por medio de nuestro cuerpo. Una persona, valiéndose de su cuerpo, puede hablar, caminar, manifestar su sabiduría y su conocimiento, y hacer muchas cosas. El cuerpo es un recipiente que expresa lo que contiene. Sin embargo, el aspecto principal de una casa no es expresar algo. Una casa tiene como objetivo principal el reposo, la culminación y los logros de una persona. Para lograr algo, necesitamos una casa. En estos días nos estamos esforzando por publicar una pequeña revista llamada *El Manantial* y, además, publicaremos mensajes en forma de folletos. Para lograr esto necesitamos un cuarto en una casa. Una casa sirve para reposo y para lograr la culminación de un propósito. Cristo necesita la iglesia como Cuerpo para expresarse, mientras que Dios necesita la iglesia como una casa para reposar y para hacer Su voluntad, es decir, para cumplir Su propósito eterno.

Ahora sabemos cuál es la fuente, la naturaleza y la esencia de la iglesia, y también cuál es la función de la iglesia. Para Cristo, la iglesia es Su Cuerpo; esto es, contiene a Cristo para expresarle. Para Dios, la iglesia es Su casa; esto es, contiene a Dios para que Él repose en ella y para que logre cumplir Su voluntad mediante ella. Ésta es la función, el deber, de la iglesia.

LA PRÁCTICA DE LA IGLESIA

Ahora veamos un punto pragmático: la práctica de la iglesia. La manera en que ponemos en práctica la iglesia es un tema importante para los creyentes. Primero debemos comprender que la iglesia fue formada y fundada universalmente, que la iglesia es edificada universalmente y que es llevada a la práctica universalmente, en todo el universo y entre todo el linaje humano. A partir del tiempo de Pentecostés, el Señor comenzó a establecer Su iglesia, a llevarla a la práctica, no sólo en un lugar, en una localidad, sino en muchos lugares, en muchas localidades, de ciudad en ciudad y de lugar en lugar. Además, esto no sucedió sólo en una era o generación, sino de era en era y de generación en generación.

Todos conocemos el significado de la palabra *universal;* se refiere al tiempo y al espacio, es decir, alude a lo que abarca todo el tiempo y el espacio. Las localidades están delimitadas por el espacio, las generaciones se hallan en la esfera del tiempo, y el tiempo más el espacio equivalen al universo. Por tanto, el Señor formó, fundó, establece, edifica y lleva a la práctica Su iglesia universalmente. El Señor pone en práctica la iglesia universalmente, de lugar en lugar, una y otra vez, de ciudad en ciudad, de nación en nación y de generación en generación.

Sin embargo, aunque el Señor pone en práctica la iglesia universalmente, sigue existiendo el aspecto local. Debo pedirles que sean muy sobrios en cuanto a este asunto, porque hoy en el cristianismo se dicen cosas incorrectas; algunos afirman que hay dos diferentes clases de iglesias: una es la iglesia eterna y universal, y la otra, las iglesias locales. No aceptamos tal afirmación; decir esto es incorrecto. Sólo podemos hablar respecto a diferentes aspectos de la iglesia, pero no de diferentes clases de iglesias.

Las iglesias locales conforman la iglesia universal, y la única iglesia universal se compone de las iglesias locales. Podemos dar un ejemplo de esto describiendo nuestro cuerpo humano, el cual es un solo cuerpo con muchos miembros. El cuerpo está conformado por los miembros, y los muchos miembros constituyen el cuerpo. No son dos cosas, sino una sola con dos aspectos. Si lo consideramos en su totalidad, es un cuerpo, pero si consideramos las partes, son muchas; sin embargo, las partes siguen siendo un cuerpo. ¿Podemos separar nuestro cuerpo de sus miembros? Esto sería ridículo. No obstante, lamento decir que hoy algunas personas predican y enseñan que la iglesia universal es una entidad diferente de las iglesias locales.

Es imposible separar la iglesia universal de las iglesias locales. Sin las iglesias locales, ¿dónde estaría la iglesia universal? Esto sería como preguntar dónde está un cuerpo sin sus miembros. Si no existiesen la iglesia en Jerusalén, la iglesia en Antioquía, la iglesia en Londres, Nueva York, San Francisco o la iglesia en los Ángeles, ni las iglesias locales en Taiwán y Japón, ¿dónde estaría la iglesia universal? La iglesia universal es el conjunto de todas las iglesias locales, y las iglesias locales son todas las partes que componen la única iglesia universal. Todas las iglesias locales —a lo largo de todas las generaciones y en todos los lugares— son los miembros que juntos componen la iglesia universal. No debemos considerar que la iglesia universal es una entidad aparte de las iglesias locales. Esto es un error, una enseñanza incorrecta y una clase de herejía.

En la actualidad escuchamos a muchas personas hablar acerca de la iglesia universal, pero ¿dónde está la iglesia universal? He estudiado este asunto por más de treinta años, pero no podría decirles dónde está la iglesia universal si se refieren a ella como una entidad aparte de las iglesias locales. Desafío a cualquiera a que nos muestre dónde está la iglesia universal. Por otra parte, yo sí puedo mostrarles dónde están las iglesias locales. Hace mil novecientos años había una iglesia en Jerusalén, una en Samaria, una en Antioquía, una en Corinto, una en Éfeso y otra en Roma. Hoy hay una iglesia en los Ángeles y otra en Nueva York. Puedo mostrarles muchas iglesias locales, ¿pero puede alguien decirme dónde está la iglesia universal? La iglesia universal es muy grande, pero nadie puede mostrarnos dónde está. No debemos seguir a ciegas tales enseñanzas incorrectas y absurdas.

Allí dónde están las iglesias locales, allí está la iglesia universal. No podemos decir que un cuerpo exista aparte de los miembros que lo compongan; más bien, el cuerpo está donde los miembros estén, es decir, el cuerpo no es una entidad aparte de los miembros. Basados en esto podemos ver qué es la iglesia universal. La iglesia universal es la totalidad, la consumación final y máxima, del conjunto de todas las iglesias locales.

Podemos usar la frase *la iglesia universal,* pero su uso apropiado dependerá de cómo interpretemos dicha expresión. La iglesia universal es el resultado o producto de todas las iglesias locales a lo largo de todas las generaciones y de todos los lugares. Todas las iglesias locales a lo largo de todas las generaciones y lugares, sumadas y compuestas juntas como una sola, conforman la iglesia universal. Sin las iglesias locales y aparte de las mismas, no hay iglesia universal.

Debemos entender esto claramente. Con el tiempo veremos quién tiene la razón en cuanto a este asunto. La Biblia muestra y revela que en este universo existe una sola iglesia, la cual es el Cuerpo de Cristo expresado en muchas partes y en muchos lugares a lo largo de todas las generaciones. Una parte de este Cuerpo se expresó hace mil novecientos años en Jerusalén; otra parte se expresó en ese mismo tiempo en Antioquía; y hoy una parte se expresa en nuestra propia localidad. Por un lado, la iglesia es universal, y por otro, es local. La iglesia es universal en su totalidad y es local en cuanto a sus partes, y todas estas partes —agrupadas y en conjunto como una sola entidad— constituyen el Cuerpo de Cristo.

Por tanto, la iglesia se lleva a la práctica universalmente a medida que se pone en práctica localmente. Si no hay un aspecto práctico localmente, no hay posibilidad de que exista el aspecto universal de la iglesia. ¿Dónde se pone en práctica la iglesia universal? ¿Se lleva a cabo en la luna, en el tercer cielo o en el Paraíso? No podemos encontrar semejante cosa en el universo entero. En un sentido estricto, no ponemos en práctica la iglesia universalmente, sino que, más bien, la ponemos en práctica localmente. Desde el día de Pentecostés todas las iglesias locales —juntas y compuestas como una sola entidad— se llaman corporativamente la iglesia universal. ¿Cuál es la iglesia universal? Es la composición de todas las iglesias locales. Simplemente no puedo tolerar que tantos siervos del Señor proclamen y prediquen de manera absurda diciéndoles a las personas que, además de las iglesias locales, también existe la iglesia universal. Yo les pregunto: "¿Aparte de las iglesias locales, dónde se encuentra la iglesia universal?". No podemos tocar la iglesia universal. Hablando en un sentido estricto, la iglesia sólo es puesta en práctica localmente. Sin la iglesia local nunca se podría tener la iglesia universal, y si no ponemos en práctica las iglesias locales, nunca se podrá tener la iglesia universal de forma práctica. Hay veintisiete libros en el Nuevo Testamento, lo cual incluye veintiuna epístolas más las siete epístolas que se hallan en Apocalipsis 2 y 3. ¿Cuál de estas epístolas fue dirigida a la iglesia universal? Cuando mucho, podemos decir que una epístola debe ser leída por otras iglesias. Por ejemplo, 1 Corintios fue escrita a los corintios así como a todos los creyentes en todo lugar; sin embargo, dicha epístola no fue escrita a la iglesia universal. Debemos entender esto claramente y centrar toda nuestra atención en las expresiones locales de la iglesia.

Capítulo dos

LA EXPRESIÓN, EL CONTENIDO Y EL ORDEN DE LA IGLESIA

Lectura bíblica: Hch 1:8; Fil. 1:1; Hch 20:28; 1 P. 5:5-6

En el capítulo anterior vimos cinco puntos acerca de la iglesia. La iglesia se relaciona con el propósito eterno de Dios, es algo que Dios planeó y se propuso obtener desde la eternidad pasada y para la eternidad futura. Por tanto, la iglesia es eterna. Si hemos recibido la revelación de la Palabra de Dios, comprenderemos que la iglesia es el centro del propósito eterno de Dios. Desde la eternidad pasada y con miras a la eternidad futura, Dios se propuso obtener la iglesia, la cual es el centro de Su propósito. Así que, la iglesia es un asunto central y eterno. En segundo lugar, vimos que en la era del Antiguo Testamento, la iglesia era un misterio escondido en Dios. Antes de la era del Nuevo Testamento, la iglesia ya formaba parte de los pensamientos de Dios, pero Él nunca se la reveló a nadie. En tercer lugar vimos la fuente, el origen, de la iglesia. La fuente, el origen, de la iglesia es Cristo mismo, el Hijo de Dios. La iglesia procede de Cristo mismo y forma parte de Él, ya que es Su aumento y Su complemento como ayuda idónea. En esto podemos ver que Cristo es la naturaleza misma de la iglesia. En cuarto lugar, vimos las funciones de la iglesia. Por una parte, la iglesia es el Cuerpo de Cristo, y por otra, es la casa de Dios. Estos son los dos aspectos de la función que ejerce la iglesia. En quinto lugar vimos que, estrictamente hablando, la iglesia no se lleva a la práctica universalmente, sino que, más bien, la ponemos en práctica localmente. La iglesia universal se compone del conjunto de todas las iglesias locales. Si no llevamos a la práctica las iglesias locales, nunca podríamos tener la iglesia universal de forma práctica.

LA EXPRESIÓN DE LA IGLESIA

En este capítulo consideraremos otros puntos acerca de la iglesia. El sexto punto es la expresión de la iglesia. Esto es muy parecido la práctica de la iglesia, pero hay una diferencia. La iglesia es real y sustancial; no es algo "en el aire" ni tampoco una mera teoría en nuestra mente. De hecho, la iglesia se compone de todos los creyentes redimidos en la era del Nuevo Testamento, quienes han sido edificados juntamente con el Dios Triuno. Por tanto, ya que la iglesia es real y sustancial, tiene que haber una expresión concreta de ella.

La iglesia se expresa en la tierra. Es completamente incorrecto pensar que la iglesia se expresa en el cielo. No existe ningún versículo en las Escrituras que respalde esta idea errónea. La iglesia no se expresa en los cielos, sino en la tierra. He dedicado mucho tiempo estudiando el Nuevo Testamento para descubrir si existe una iglesia en los cielos. Digo la verdad: no he podido encontrar semejante cosa. Por ejemplo, ¿existe algún versículo en los veintiocho capítulos de Mateo que muestre que la iglesia hoy está en el cielo? ¿Hay algún pasaje respecto a esto en Marcos, Lucas, Juan, Hechos o en las epístolas? En 1 Tesalonicenses 4:17 dice que nos encontraremos con el Señor en el aire, pero eso ocurrirá cuando Él venga. Este versículo no demuestra que la iglesia está hoy en los cielos.

La iglesia es celestial, pero no se encuentra en los cielos. Muchos de los santos, incluyendo a Abraham, a David y a Pablo, están en el Paraíso, pero ninguno de ellos está en el cielo. En la Biblia anotada del Dr. C. I. Scofield dice que el Paraíso —donde están las personas salvas— fue trasladado de la parte placentera del Hades al tercer cielo en el momento en que el Señor resucitó y ascendió a los cielos. Sin embargo, en Hechos 2:34, Pedro dijo en el día de Pentecostés que David no había ascendido a los cielos. Los espíritus y las almas de todos los santos muertos, tanto del Antiguo como del Nuevo Testamento, están en el Paraíso y no en el cielo. Por tanto, no podemos encontrar ningún versículo en la Biblia que demuestre que la iglesia esté hoy en los cielos.

La iglesia se expresa cien por cien sobre la tierra en las distintas localidades, en un lugar tras otro. La iglesia fue expresada por primera vez en Jerusalén, en una localidad, es decir, en una ciudad, un lugar sobre la tierra. Después de esto, hubo muchas expresiones de la iglesia en Judea y Samaria. Luego, la expresión de la iglesia se extendió a Antioquía, y después se dirigió al oeste, a muchas ciudades de Asia Menor. En cada ciudad había una expresión de la iglesia. Había una expresión de la iglesia en Éfeso, una en Esmirna, una en Pérgamo, una en Tiatira, una en Sardis, una en Filadelfia y una en Laodicea. En cada ciudad había una expresión de la iglesia. Si seguimos la narración en Hechos y en las epístolas, veremos que la iglesia se expresa sobre esta tierra de lugar en lugar, de ciudad en ciudad.

Es edificada sobre la tierra con personas redimidas

¿Por qué hizo Dios que la iglesia se expresara de tal manera? Hay varias razones. Primero, la iglesia debe ser edificada con personas redimidas, y las personas redimidas —incluso después de haber sido redimidas— siguen viviendo sobre la tierra, pues forman parte de la sociedad humana y viven en distintas comunidades. Las personas redimidas no han sido arrebatadas a los cielos. La iglesia se compone de personas salvas y redimidas que fueron libradas y separadas del sistema satánico y maligno del mundo, el sistema que impera sobre esta tierra, pero que aún permanecen sobre la tierra y viven entre los hombres. Por tanto, la iglesia debe ser expresada sobre la tierra en las comunidades de la sociedad humana. Es imposible que la iglesia sea edificada donde no haya materiales para la iglesia. En un desierto donde no hay seres humanos, nunca podría haber una expresión de la iglesia. Es necesario ir a una ciudad, la cual forma parte de la sociedad humana, para obtener los materiales útiles en la edificación de la iglesia.

La iglesia necesita ser expresada sobre la tierra y entre las personas de la sociedad. Esto no significa que la iglesia pertenezca a este mundo. Estar en el mundo es una cosa, y pertenecer al mundo es otra. Ser separados del mundo no significa dejar de vivir en el mundo. No pertenecemos al sistema satánico de este mundo y estamos separados de él; sin embargo, todavía vivimos aquí en la tierra. La iglesia se expresa sobre la tierra entre la sociedad humana a fin de que pueda ganar algunos materiales, aquellos que son librados, salvos y separados de la sociedad humana. Ésta es la razón por la cual la iglesia debe ser expresada en la tierra. No envíen la iglesia a los cielos. Debemos expresar la iglesia en nuestra localidad y en todas las ciudades sobre la tierra.

Recibe la gran comisión de proclamar el evangelio

En segundo lugar, el Señor ha confiado una misión a la iglesia. La gran comisión encargada a la iglesia por el Señor consiste en que la iglesia debe presentar al Señor como evangelio a los hombres. La iglesia debe ser expresada entre las personas a fin de predicarles el evangelio. Tenemos esta responsabilidad y obligación, y se nos ha confiado esta misión. Ésta es una gran misión, y es prácticamente la única misión. Se nos ha encargado predicar a Cristo como evangelio a las personas, así que la iglesia debe ser expresada entre los hombres en la tierra.

Expresa a Cristo como vida entre los hombres

En tercer lugar, debemos expresar a Cristo como nuestra vida entre los hombres. No expresamos a Cristo sólo a los ángeles; tenemos que expresar a Cristo entre los seres humanos sobre la tierra. Por tanto, la iglesia debe ser expresada sobre la tierra en las localidades donde se reúnen y se concentran las personas. Dondequiera que haya un centro o núcleo de población, allí debe ser expresada la iglesia.

Cumple el propósito eterno de Dios en la tierra

En cuarto lugar, Dios tiene un propósito eterno, y debe hacer algo para cumplir este propósito sobre la tierra por medio de la iglesia. Por tanto, la iglesia existe sobre la tierra entre los hombres para llevar a cabo el propósito eterno de Dios.

La iglesia es celestial, pero debe ser expresada en la tierra. Quizás no nos demos cuenta de cuán dañino es que algunas personas digan: "Puesto que la iglesia es celestial, debe ser llevada a cabo en los cielos". Cuando yo era joven, me enseñaron que todas las así llamadas iglesias sobre la tierra no son verdaderas y que la verdadera iglesia está en los cielos; es decir, todas las iglesias visibles no son las verdaderas iglesias, ya que la verdadera iglesia es la iglesia invisible. Sin embargo, no sé dónde haya una iglesia invisible en este universo. No podemos encontrar tal iglesia. La iglesia es algo celestial; no obstante, debe ser expresada sobre la tierra. En la narración de Hechos y las epístolas, los apóstoles recalcaron que la iglesia debe ser local. Podemos encontrar la iglesia en Jerusalén, la iglesia en Antioquía, la iglesia en Samaria y la iglesia en Éfeso; encontramos muchas iglesias sobre la tierra, pero nunca hallaremos una iglesia en los cielos. La iglesia debe ser expresada sobre la tierra.

La expresión de la iglesia es una sola en cada una de las localidades

Por otra parte, en todo lugar sobre la tierra donde sea expresada la iglesia, dicha expresión debe ser una sola. En cada ciudad, en cada localidad donde se congreguen las personas, debe haber una expresión de la iglesia, y dicha expresión debe ser una sola. No debe haber —ni puede haber— más que una sola expresión. La expresión de la iglesia era una sola en Jerusalén, la expresión de la iglesia era una sola en Antioquia y la expresión de la iglesia era una sola en Éfeso. No podemos encontrar ningún caso en las Escrituras donde hubiera más de una expresión de la iglesia en alguna ciudad. Esto se debe simplemente al hecho de que la iglesia es una sola. La iglesia es expresada sobre la tierra en las localidades, donde viven las personas, y dondequiera que haya una expresión de la iglesia en una ciudad, dicha expresión debe ser una sola. Cuando estaba en Nueva York, alguien me preguntó qué debíamos hacer cuando una iglesia se encuentra en una ciudad que tiene millones de habitantes. Le contesté a esa persona haciéndole otra pregunta: "¿Cuántos gobiernos hay en Nueva York, y cuántos ayuntamientos tiene? ¿Puede haber más de una alcaldía en Nueva York? ¿Pueden haber dos ayuntamientos? Es imposible". Si por causa de la gran población hubiera dos alcaldías en la ciudad de Nueva York, esto significaría que la ciudad de Nueva York, la cual es una sola, se habría dividido en dos ciudades.

Podríamos pensar que en una ciudad con una población de varios millones de personas, es imposible que haya una sola iglesia. Sin embargo, en la sociedad humana existe una sola alcaldía en una ciudad cuya población excede diez millones de habitantes. Para que haya una sola iglesia en una ciudad, no es necesario que todas las personas se reúnan en un solo salón de reunión. Si una familia tiene cinco miembros, no es necesario que los cinco estén en una misma habitación. Una familia puede usar varias habitaciones, y los miembros de una familia incluso pueden vivir en apartamentos diferentes. Una familia grande, que incluya a los abuelos, las abuelas, el marido, la esposa y muchos hijos y nietos, puede vivir en un recinto grande que tenga varios edificios. Sin embargo, siguen siendo una sola familia. No es necesario que nos reunamos en un solo lugar para ser una sola iglesia. Podemos tener muchas reuniones en una ciudad grande, pero todos los santos que se reúnen en los diferentes lugares siguen siendo una sola iglesia. En Hechos 2 y 4 dice que en el tiempo de los apóstoles la iglesia en Jerusalén se reunía en casas, de casa en casa. Tenían muchas reuniones separadas, pero seguían siendo una sola iglesia. Según los primeros ocho capítulos de Hechos, los santos en Jerusalén se reunían en casas separadamente, pero se les seguía llamando la iglesia en Jerusalén (8:1).

Las grandes multitudes no son un problema. En un día los apóstoles bautizaron a tres mil personas, y otro día, cinco mil fueron salvos y bautizados. Ellos pudieron hacer esto porque habían sido entrenados cuando el Señor estuvo sobre la tierra. Cuando el Señor alimentó a los cinco mil con cinco panes y dos peces, Él adiestró a los discípulos. No oró y bendijo los panes para después distribuirlos desordenadamente, de modo que las personas se pelearan por ellos; más bien, el Señor les dijo a los discípulos que hicieran que la multitud se sentara en grupos de cien y de cincuenta. Cuando las personas se sientan, están tranquilas y en orden. Este ejemplo nos muestra que es fácil cuidar de muchas personas. No fue tan difícil que los ciento veinte discípulos en Hechos cuidaran de tres mil o cinco mil en un solo día. Ya hemos tenido esta experiencia. Un día, en sólo dos horas bautizamos a setecientas personas. Debemos darnos cuenta de que la iglesia debe ser expresada sobre la tierra en las localidades, esto es, donde viven las personas. Además, toda expresión de la iglesia, no importa dónde esté, debe ser una sola. No debemos dividirnos por ningún motivo. Si vamos a Londres, debe haber una sola iglesia allí; pertenecemos a la iglesia, así que nos reunimos con la iglesia. No debemos preguntarles a las personas allí qué clase de iglesia tienen, como tampoco podemos preguntarles qué clase de luna tienen. La luna es una sola. De la misma manera, existe una sola iglesia. Cuando voy a Los Ángeles, me reúno con la iglesia allí; asimismo, cuando voy a Nueva York, a San Francisco, a Tokio o a Hong Kong, me reúno con la iglesia allí. No debemos dividirnos por ningún motivo. Somos miembros de la iglesia. Dondequiera que vayamos, simplemente nos reunimos con la iglesia. Éste es el camino que ha sido dispuesto por el Señor.

Dios dispuso que la iglesia fuera expresada de una manera muy sencilla. Donde se congreguen las personas en una localidad, allí tenemos que predicarles el evangelio. Entonces, algunos de ellos serán separados por la salvación que efectúa el Señor, y éstos que se separan deben reunirse como la expresión de la iglesia en esa comunidad, en esa localidad. La iglesia es expresada sobre la tierra en localidades, y donde haya una expresión de la iglesia, dicha expresión debe ser una sola. Seamos sencillos. No nos compliquemos por causa de la confusión que existe en el cristianismo. Es una vergüenza preguntarles a las personas a qué iglesia pertenecen. Si alguien es un hermano, no necesitamos saber más. Yo pertenezco a la iglesia, y usted pertenece a la iglesia; todos los creyentes pertenecemos a la iglesia.

Hace más de treinta y dos años, cuando estábamos en Shanghai, tres o cuatro hermanos se subieron en un tranvía para ir a la reunión, cada uno con una Biblia en la mano.

Otro creyente, que distribuía folletos a los que iban en el tranvía, se acercó a ellos y, al darse cuenta de que eran hermanos, les preguntó: "¿A que iglesia pertenecen?". Los tres o cuatro hermanos se miraron el uno al otro y se preguntaban cómo responderle. Entonces uno de los mayores entre ellos dijo: "Pertenecemos a la iglesia a la cual pertenecen usted, Pablo, Pedro, Martín Lutero y todos los santos". Después de considerar esto, el hermano que tenía los folletos dijo: "¡Eso es maravilloso!". Ciertamente, es maravilloso. Decirles a las personas que pertenecemos a cierta clase de iglesia no es nada glorioso. No somos nada; sólo somos los miembros comunes y corrientes de la única iglesia. Eso es todo.

EL CONTENIDO DE LA IGLESIA

El séptimo punto que consideraremos es el contenido de la iglesia. Debemos recordar que el contenido de la iglesia no debe ser, ni puede ser, nada excepto Cristo el Señor. La iglesia es un recipiente que contiene a Cristo, y nada más. Sólo Cristo el Señor es el contenido de la iglesia. Si nos percatamos de esto y lo mantenemos presente en nuestra mente y espíritu, eso sería maravilloso. La iglesia es el Cuerpo de Cristo. Un cuerpo es un recipiente, un vaso, que contiene la vida de la cabeza; de la misma manera, la iglesia es el recipiente que contiene a Cristo. Quizás tengamos dones, enseñanzas y conocimiento, pero todos estos dones, enseñanzas y conocimiento deben ayudar a las personas a que conozcan a Cristo más y más. Si cualquier clase de enseñanza, don o conocimiento separa a las personas de Cristo, debemos desechar tales cosas, porque el contenido de la iglesia no es otra cosa que Cristo mismo. Podemos usar muchos medios —incluyendo enseñanzas, dones y conocimiento— para conducir a las personas a Cristo, para ayudar, motivar e incluso instar a las personas a que acudan a Cristo, pero debemos recordar que nada debe sustituir a Cristo.

No me gusta criticar a nadie ni a ninguna organización cristiana, pero ciertos grupos cristianos poseen determinados sistemas que, al parecer, son el contenido de dichos grupos. Algunos grupos de creyentes recalcan ciertas doctrinas, y otros grupos de cristianos hacen hincapié en ciertos dones.

Debemos entender claramente que todas las doctrinas, dones y conocimiento son buenos con tal que ayuden a las personas a conocer a Cristo, pero no si las separan de Cristo. Tenemos que darnos cuenta claramente de que la iglesia es un vaso corporativo, un recipiente que contiene a Cristo, y que Cristo es el contenido de la iglesia.

¿Qué expresamos cuando nos reunimos? Debemos expresar a Cristo, ya sea por medio de nuestras oraciones, nuestra labor, un himno, un testimonio o una enseñanza. Lo que tenemos debe ser una expresión de Cristo. Si tomamos otra cosa como nuestro centro, seremos sectarios. Decimos con frecuencia que, como cristianos, debemos tener una actitud amplia. ¿Saben cuál es el creyente comprensivo, el que tiene una actitud amplia? Es una persona que se centra en Cristo y nada más. Somos personas comprensivas en virtud de tener a Cristo. Tenemos a Cristo como nuestro centro y nada más. En cuanto a lo que poseemos, podemos quedarnos con ello o desecharlo. Si lo que poseemos nos ayuda a tomar a Cristo como centro, lo conservamos; pero si lo que poseemos causa daño o es un obstáculo en cuanto a tomar a Cristo como nuestro centro, debemos desecharlo. No debemos insistir en nada, excepto Cristo.

En la reunión cristiana a la que asistía cuando era joven, me enseñaron que un hombre no debe tener el pelo largo, sino corto. A las personas allí también se les enseñaba que no debían usar zapatos de piel, sino usar el estilo antiguo de zapatos chinos, y a las hermanas se les enseñaba que no debían usar cierta clase de vestidos. Si alguno de nosotros fuera allí hoy, es posible que nos pidieran que no regresáramos hasta que nos cortáramos el pelo y nos cambiáramos los zapatos. Ellos estudiaban las Escrituras diariamente, las enseñaban y eran muy estrictos. Yo estuve con ellos por mucho tiempo, pero luego me di cuenta de que sus estrictas reglas no eran Cristo.

Si usted viaja por todo el mundo, podrá ver cuántas diferentes clases de iglesias cristianas existen, las cuales hacen hincapié en diferentes clases de cosas peculiares. Muchos grupos le dan énfasis a cosas que no son Cristo. Recientemente viajé por la costa oeste de los Estados Unidos.

Dondequiera que iba, frecuentemente me encontraba con algunos santos pentecostales que me preguntaban: "¿Habla usted en lenguas? ¿Qué opina acerca de hablar en lenguas?". No me opongo al hablar en lenguas, pero debo decirles a los hijos del Señor que si insistimos demasiado respecto a hablar en lenguas, somos sectarios. Si nos catalogamos como "personas llenas del Espíritu" que están en una "iglesia llena del Espíritu", somos sectarios. Proclamar esto es jactarnos de ser especiales. No debemos tratar de sobresalir entre los hijos del Señor; todos los cristianos somos hijos de Dios. Creo firmemente en la debida práctica de hablar en lenguas, pero no creo que todas las supuestas lenguas que se hablan hoy por toda la tierra sean auténticas. Quizás sólo un pequeño porcentaje de éstas sean auténticas. Sin embargo, no se debe insistir en hablar en lenguas, incluso si son lenguas auténticas.

He tenido muchas pláticas sobre este asunto con santos del Lejano Oriente y del occidente, incluyendo Europa. Les indiqué a esas queridas personas que insisten en hablar en lenguas, que muchas personas espirituales, poderosas y prevalecientes del pasado nunca hablaron en lenguas. El hermano Hudson Taylor, fundador de la Misión al Interior de China, era un hombre muy poderoso y espiritual. Incluso podemos decir que era un gigante espiritual, pero nunca habló en lenguas. Jorge Müller también era un hombre muy espiritual del siglo pasado, pero nunca habló en lenguas. No me opongo al hablar en lenguas, pero deben entender que éste no debe ser nuestro centro, es decir, tal práctica no debe ser el todo para nosotros.

No debemos insistir en nada diferente de Cristo, quien es todo para nosotros. Estoy de acuerdo en que debemos bautizar a las personas por inmersión en agua, pero no insisto en esto. Si algunos hermanos o hermanas no están de acuerdo con ello, aun así podemos recibirlos. Debemos tener cuidado de no insistir en nada diferente de Cristo. Cristo es el centro, y Cristo es el todo de la iglesia. Si algo ayuda a que las personas conozcan a Cristo, aceptémoslo; si no es de provecho en que conozcamos a Cristo, desechémoslo. Podemos guardar todas las cosas o podemos desecharlas, pero únicamente insistimos en Cristo como el centro y como el todo. Cristo es el contenido de la iglesia.

EL ORDEN DE LA IGLESIA

El octavo punto que veremos es el orden de la iglesia. Filipenses 1:1 dice: "Pablo y Timoteo, esclavos de Cristo Jesús, a todos los santos en Cristo Jesús que están en Filipos, con los que vigilan y los diáconos". Este versículo habla de todos los santos, con los que vigilan y los diáconos. Esto alude al orden de la iglesia. Somos un grupo de hijos del Señor que se reúnen para poner en práctica la vida de iglesia, o sea, para obtener la expresión del Cuerpo, la iglesia, y como tales, es preciso que haya entre nosotros un orden espiritual. No me gusta usar la palabra *organización;* eso es incorrecto. Pero según la enseñanza de las Escrituras, debe haber un orden espiritual entre los santos. Según Hechos 20, los que vigilan son los ancianos. Uno que vigila es alguien que vela por la situación de la iglesia. Siempre hay algunos que llevan la delantera en las iglesias. Los ancianos son los que toman la responsabilidad de cuidar la iglesia y velar por ella, y los diáconos son los que sirven a la iglesia.

Necesitamos mucha gracia para guardar el debido orden entre los hijos del Señor. Para guardar el orden se necesitan ancianos. Un hermano necesita mucha gracia para ser un anciano. Existen muchas necesidades en la iglesia. Para ser anciano, un hermano tiene que ser quebrantado, tener criterio amplio, estar lleno de Cristo, ser humilde en el espíritu y ser paciente en el espíritu. También debe tener cierta medida de conocimiento espiritual y debe estar lleno de Dios como su amor y estar saturado del Espíritu como su sabiduría. ¡Oh, cuánta gracia necesita una persona para ser anciano! Como hemos visto, primero debe ser una persona quebrantada y humilde. Si uno no es humilde, nunca podrá ser anciano.

Además, también necesitamos mucha gracia para someternos a los ancianos. Es necesario que haya ancianos, y también es necesario que nos sometamos a ellos. La primera vez que fui a Shanghai hace treinta años, conocí a dos hermanos. El primer hermano vino a la iglesia en Shanghai primero, y después de cierto tiempo, el segundo hermano entró en la vida de iglesia por medio del primer hermano. Sin embargo, después de algún tiempo, el segundo hermano había mejorado, crecido y madurado mucho en el Señor, mientras que el primer hermano permanecía como un niño y aun hablaba como un niño. Cuando llegó la hora de que la iglesia estableciera ancianos, el segundo hermano fue designado anciano, y el primero no fue nombrado como tal. A partir de ese momento, el primer hermano se quejaba y preguntaba por qué el segundo llegó a ser anciano, y él, quien vino primero, no fue designado anciano. Este hermano nunca pudo someterse al segundo hermano. Hablo francamente; someterse a otras personas requiere de mucha gracia, y en ocasiones, incluso de mucha más gracia.

En 1 Corintios 11 dice que Dios es la cabeza de Cristo, que Cristo es la cabeza de todo varón, y que el varón es la cabeza de la mujer (v. 3). Por tanto, la mujer debe cubrirse la cabeza (vs. 5-6). El varón es la cabeza, y la mujer tiene que estar cubierta. El varón requiere de mucha gracia para ser la cabeza. Si uno no tiene la gracia, es imposible ser la cabeza. He experimentado esto; ser cabeza no es sencillo. Durante los años que estuve en Shanghai, muchas veces le dije al Señor: "Casi anhelaría ser una hermana". Qué agradable es ser una hermana, porque todo hermano, como cabeza, tiene que encargarse de muchos asuntos; debe contenerse y ceder, y debe aprender las lecciones de ser quebrantado, ser humilde y ser paciente. ¡Oh, hay que aprender muchas lecciones! Finalmente, todas las cargas pesan sobre él.

Un día, la hermana principal de entre las hermanas que servían vino a mí para hablar acerca de cierto asunto, y dijo: "Hermano Lee, en este asunto, ustedes los hermanos deben tomar la responsabilidad". Dije: "Sí, hermana, sin duda alguna". Ella dijo: "Bien. Permítanos a nosotros, las hermanas, irnos en paz". Dije: "Hermana, puede irse en paz, ya que nosotros sobrellevaremos la carga". Después de eso, le dije al Señor: "Señor, anhelo ser una hermana, de modo que pueda también irme en paz". Hermanos, ¿se dan cuenta de que ustedes son hermanos y que tienen que sobrellevar las cargas? No pueden irse en paz. Qué fácil y cómodo es ser una hermana.

Este ejemplo nos muestra que ser anciano en la verdadera vida de iglesia no es fácil. Requiere de mucha gracia. Sin embargo, también comprendo que si fuera una hermana, no sería fácil someterme a los hermanos. Un día una hermana vino a mí y dijo: "Hermano Lee, sé que nosotras las hermanas tenemos que someternos a ustedes los hermanos como nuestra cabeza, pero ustedes los hermanos tienen que saber qué clase de cabeza deben ser. Las hermanas podemos someternos a cierta clase de cabeza, pero no podemos someternos a cualquier clase de cabeza. Todo ser humano tiene una cabeza, pero también tienen cabeza los martillos y las hachas". Esa hermana me desafió, preguntando: "Hermano Lee, ¿qué clase de cabeza serán ustedes los hermanos? ¿La cabeza de un martillo, martillándonos todo el tiempo?". Esto nos muestra que no es fácil someterse a otros. Especialmente hoy en el siglo veinte, todo el linaje humano por el mundo entero se inclina a ser independiente. Todos quieren ser independientes. Incluso los hijos desean ser independientes de sus padres, y los estudiantes desean ser independientes de sus maestros y de su escuela. Nadie desea someterse a otros, pero si no hay sumisión, ¿cómo puede haber orden? ¿Cómo podríamos llevar la vida que es verdaderamente propia del Cuerpo?

Un hermano tiene tres nietos, y el menor es una niña que tiene como dos años. Un día le dije a ella: "Bebé, ¿cómo estas?". Ella me dijo: "¡No soy un bebé! Soy grande!". Incluso una niña tan pequeña desea ser grande en su familia. Por naturaleza, al hombre le gusta sobresalir. Cuando el Señor iba camino a Jerusalén a ser crucificado, los discípulos discutían acerca de quién era el mayor. ¿Había posibilidad de que se estableciera orden alguno entre ellos?

Decimos que tenemos que llevar una vida de iglesia, ¿pero qué hay de la sumisión? No es fácil someterse a otros. Nunca puedo olvidarme de cómo hace treinta años el hermano Watchman Nee dijo en un mensaje: "Para someterse a otros, se requiere de más gracia". Usó las palabras *más gracia*. Necesitamos más gracia para someternos a otros. No sólo los hermanos y hermanas deben someterse a los ancianos, sino incluso los ancianos necesitan aprender la lección de someterse a todos los hermanos. Todos necesitamos aprender la lección de someternos unos a otros. Ésta es la enseñanza presentada en 1 Pedro 5, donde se implica que incluso los ancianos deben someterse a los más jóvenes (v. 5). Tenemos que someternos unos a otros de modo que haya un orden agradable, maravilloso y espiritual entre nosotros. Este orden es la verdadera vida de iglesia, y este orden es la verdadera edificación de la iglesia. Decimos que queremos tener la vida de iglesia y la edificación de la iglesia, pero tenemos que comprender que la verdadera vida de iglesia y la verdadera edificación de la iglesia conllevan un orden espiritual. Para lograr esto, todos necesitamos gracia. Todos y cada uno de nosotros necesita gracia para guardar su posición y mantenerse firme en donde debe estar. Todos y cada uno de nosotros necesita gracia para guardar su propia posición, de modo que pueda existir un orden espiritual entre nosotros. Entonces lograremos experimentar la verdadera vida de iglesia. Si no hay orden, es imposible tener la vida de iglesia.

Lo que hemos hablado aquí verdaderamente es muy provechoso. Debemos darnos cuenta de que la iglesia es expresada sobre la tierra en las localidades donde se congregan las personas, y que adondequiera que vayamos, debemos tener presente que hay una sola iglesia, una sola expresión del Cuerpo de Cristo. Debemos respetar y honrar este principio. Por otra parte, debemos comprender que el contenido de la iglesia es Cristo mismo, y debemos aprender la lección de guardar —por medio de la gracia— nuestra posición, a fin de guardar y mantener el orden de la iglesia, de modo que podamos experimentar la verdadera vida de iglesia. La expresión de la iglesia, el contenido de la iglesia y el orden de la iglesia son los tres asuntos más prácticos en la vida de iglesia. Que el Señor nos conceda la gracia para ver estos asuntos y ponerlos en práctica.

Capítulo tres

LA AUTORIDAD EN LA IGLESIA

Lectura bíblica: Ef. 5:22-25; Gá. 3:27-28; 1 Co. 12:12-13

En los capítulos anteriores vimos que la iglesia es el pensamiento central, el centro, del propósito eterno de Dios. Antes de la era neotestamentaria, la iglesia nunca le fue revelada a nadie; más bien, estaba escondida como un misterio en Dios, quien creó el universo entero. La fuente de la iglesia es Cristo mismo, así que la iglesia es el aumento de Cristo. La función de la iglesia es ser el Cuerpo de Cristo y la casa de Dios. Por otra parte, la práctica de la iglesia es local, y no universal; además, la iglesia se expresa en las localidades, su contenido es Cristo y ella tiene un orden apropiado.

Podemos ver el orden apropiado de la iglesia en Filipenses 1:1, un versículo que menciona a los santos, a los que vigilan —que son los ancianos—, y a los diáconos. En la iglesia están los santos, que son los miembros, y entre los santos están los ancianos y los diáconos. Por una parte, entendemos que en la iglesia no hay ninguna organización humana, pero por otra, las Escrituras dicen claramente que existe un orden en la iglesia. Basándonos tanto en las enseñanzas de las Escrituras como también en nuestra propia experiencia, podemos ver que sin este orden dispuesto por el Espíritu Santo, no habría posibilidad de experimentar la verdadera vida de iglesia, es decir, la verdadera práctica de la iglesia. Llevar la iglesia a la práctica depende de este orden dispuesto por el Espíritu Santo.

En este capítulo llegamos al noveno punto acerca de la iglesia: la autoridad en la iglesia. El orden de la iglesia procede de la autoridad en la iglesia. Debemos considerar en detalle qué es la autoridad en la iglesia. Se nos dice claramente que la iglesia es el Cuerpo de Cristo y la casa de Dios. Ciertamente existe autoridad en nuestro cuerpo, y también existe autoridad en una casa, es decir, en una familia. Sin autoridad, nuestra casa sería un desastre. Del mismo modo, con tal que un cuerpo esté vivo y sano, existirá autoridad en él, pero si se convierte en un cadáver y deja de ser un cuerpo viviente, ya no habrá más autoridad en él. Si existe un cuerpo viviente, allí debe haber autoridad, y si hay una familia o un hogar, allí también debe haber autoridad. Este ejemplo muestra que en la iglesia existe una autoridad establecida.

EL SEÑORÍO DE CRISTO Y SU AUTORIDAD COMO CABEZA

La autoridad de un cuerpo es la cabeza. Cuando una persona está de pie, ¿es el cuerpo el que sostiene a la cabeza, o es la cabeza la que sostiene al cuerpo? Si le cortáramos la cabeza a un hombre, su cuerpo inmediatamente se desplomaría. Sin la cabeza, el cuerpo no puede sostenerse de pie. Pareciera que el cuerpo sostiene a la cabeza, pero en realidad es la cabeza la que sostiene al cuerpo. Por tanto, la cabeza es la autoridad. La Cabeza de la iglesia es Cristo el Señor, y la autoridad en la iglesia es la autoridad que Cristo posee como Cabeza. Hemos visto claramente que en la iglesia debe haber un orden, pero debemos saber que este orden procede de Cristo como Cabeza. Debemos reconocer, honrar y respetar la autoridad del Señor como Cabeza. Si no nos sometemos al Señor como Cabeza, nunca habrá el debido orden en la iglesia. En muchas ocasiones durante los últimos años, hermanos y hermanas han venido a mí y me han dicho: "Hermano Lee, simplemente no estoy de acuerdo con algunos de los ancianos". Cada vez que alguien me ha traído este problema, le pregunto: "¿En este momento, en cuanto a este asunto, está usted sometido al Señor como Cabeza?". Invariablemente, todos admiten que no se han sometido a la Cabeza. Yo respondo: "Primero, usted debe ser recto con el Señor. Sométase al Señor como Cabeza, y entonces tendrá claridad".

Cuando viajé al occidente, a los Estados Unidos y a Europa, muchos amigos me dijeron: "Las personas en el

Lejano Oriente son más sumisas, mientras que en el occidente las personas son más independientes. Probablemente es fácil que los hermanos y hermanas del Lejano Oriente pongan en práctica el orden de la iglesia". Sin embargo, no deben sentir tanto aprecio por los orientales. A decir verdad, es muy difícil tratar con los japoneses y con los chinos. No estoy a favor ni en contra de los orientales ni de los occidentales. Todos los orientales y todos los occidentales son descendientes de Adán. No hay diferencia entre nosotros, pues todos pertenecemos al linaje de Adán. Esto no tiene que ver con el oriente ni con el occidente; más bien, todo depende de si estamos bajo la autoridad de Cristo como Cabeza y de si hemos aprendido la lección de someternos a la autoridad del Señor. A fin de guardar el orden correcto en la iglesia y entre los santos, debemos estar bajo el señorío y la autoridad del Señor como Cabeza. La autoridad en la iglesia es la autoridad del Señor como Cabeza.

PRACTICAR LA VIDA DE IGLESIA SOMETIÉNDONOS AL SEÑOR COMO CABEZA

En ocasiones, algunos ancianos han venido a mí diciéndome: "Sencillamente no sé cómo ser anciano, así que deseo renunciar al cargo de anciano". Les he respondido a tales hermanos según el mismo principio, preguntándoles: "¿Usted siente que en este momento está sometiéndose al Señor como Cabeza? Sólo hay una manera de ser anciano, y esto conlleva someterse a la autoridad del Señor como Cabeza. Cuanto más se someta al Señor como Cabeza, más apto y equipado será para ejercer su función como anciano".

En una ocasión di un mensaje sobre el tema de la autoridad como cabeza, y puse como ejemplo la necesidad de que haya un orden entre el marido y su esposa. El marido es la cabeza, y la esposa es quien debe someterse. Dicho mensaje estaba verdaderamente ungido, y cierto hermano que lo escuchó fue conmovido. Él lamentó que en el pasado no hubiera sido una cabeza apropiada para su familia, así que oró: "Señor, a partir de hoy, ayúdame a ser la cabeza de mi familia". Después de la reunión se fue a casa y le dijo a su esposa: "A partir de ahora, yo soy la cabeza", y comenzó a practicar, día tras día, a ser la cabeza de la familia. Poco tiempo después, empezaron los problemas, ya que su esposa no podía tolerarlo. Ella vino a mí y me preguntó: "Hermano Lee, ¿qué clase de cabeza son los hermanos? Simplemente no puedo someterme a esta clase de cabeza". Finalmente descubrí que ninguno de los dos estaba sometido a la autoridad de Cristo como Cabeza: el marido no se sometía, ni tampoco la esposa. No existía verdadera autoridad, así que no había orden. Le pregunté al hermano: "Cuando usted ejerce su autoridad como cabeza, ¿está sometido a la autoridad del Señor como Cabeza?". Es incorrecto practicar cualquier clase de autoridad si no estamos sometidos a la autoridad del Señor como Cabeza.

En Efesios 5 se le dice a la esposa que se someta a su esposo, pero, además, se le dice al esposo que ame a su esposa y no que gobierne sobre ella. Los ancianos deben cuidar de los santos según este mismo principio. En 1934 yo era muy joven, pero debido a que el hermano Watchman Nee estuvo ausente durante mucho tiempo, el Señor puso en mis manos la responsabilidad de la iglesia y de la obra en Shanghai. Un día, los ancianos vinieron a mí y me contaron algunos problemas relacionados con los hermanos y las hermanas. Comprendí que estos ancianos estaban intentando ejercer su autoridad como ancianos y estaban pasando por alto demostrar su amor a los santos. Llevé este asunto al Señor. Mientras estaba delante del Señor un día, Él me reveló en Su Palabra que el marido es la cabeza, pero la Palabra no le dice al marido que gobierne o rija sobre su esposa, sino que la ame. Los ancianos tienen autoridad, pero no deben imponerla; más bien, deben expresar su amor hacia todos y extender su amor a todos. Esto es simplemente someterse a la autoridad del Señor como Cabeza.

La autoridad del Señor como Cabeza es la autoridad en la iglesia. Si deseamos practicar la vida de iglesia, tenemos que aprender la lección de someternos siempre a la autoridad del Señor como Cabeza. El Señor es la Cabeza, y todos nosotros somos miembros que estamos bajo Su autoridad. Si nuestra relación con la Cabeza no es apropiada, no seremos rectos con el Cuerpo ni tampoco con los miembros. Cuando estamos relacionados apropiadamente con la Cabeza, somos rectos con todos los miembros y con todo el Cuerpo. Si no estamos sometidos a la autoridad de Cristo, no tenemos base alguna para corregir a los hermanos y a las hermanas. Si queremos decirles algo a ellos, debemos primero someternos a la autoridad del Señor como Cabeza. Si no nos sometemos al Señor como Cabeza y, aún así, reprendemos a los hermanos y las hermanas, entonces se pone de manifiesto que somos rebeldes. Somos rebeldes en contra del Señor y en contra del Cuerpo, que es la iglesia. No piensen que es más fácil tratar con las iglesias del Lejano Oriente que con las del occidente. Digo enfáticamente que no es así. Muchas veces los que estaban en el Lejano Oriente han venido a nosotros para hablar sobre la iglesia de una manera rebelde.

Debemos entender que si hemos de practicar la verdadera vida de iglesia, tenemos que someternos a la autoridad de Cristo como Cabeza. Cuando estemos a punto de decirles algo a los hermanos y a las hermanas, primero debemos comprobar si realmente estamos sometidos a Cristo como Cabeza; si no lo estamos, debemos detenernos. Si no estamos sometidos a la Cabeza, y decimos algo sobre la iglesia, estaremos hablando de manera rebelde. No importa cuán agradable sea nuestra actitud, ciertamente será falsa e hipócrita. Nuestra verdadera necesidad es someternos a la autoridad de Cristo como Cabeza. Si nos sometemos a Su autoridad, tendremos un motivo puro y una actitud correcta, incluso si hablamos francamente. Pero si no nos sometemos a Cristo como Cabeza y simplemente fingimos ser agradables, actuaremos políticamente; estaremos jugando a la política entre los santos.

Debemos ser sinceros, abiertos y francos. Por supuesto, también debemos ser corteses y agradables, pero no debemos fingir. Una persona que se somete a la autoridad de Cristo como Cabeza, es verdadera, real y sincera. Quizás le abramos nuestro corazón a un hermano para decirle algo de una manera seria y franca, incluso con palabras firmes, pero si nos sometemos al Señor como Cabeza, el Espíritu Santo dentro de su espíritu testificará por nosotros que nuestro motivo es puro y que nuestra actitud es correcta. En cambio, si no nos sometemos al Señor como Cabeza y vamos a un hermano fingiendo que somos buenos y espirituales, estaremos jugando a la política y seremos hipócritas entre los santos. En este caso, el Espíritu Santo no podrá dar testimonio por nosotros. La iglesia ha sufrido daño continuamente por esta clase de maniobras políticas. No debemos hacer ninguna maniobra política. Todos nosotros, especialmente los que llevan la delantera, debemos someternos a la autoridad de la Cabeza.

Cuando el pueblo de Israel se rebeló, Moisés y Aarón no jugaron a la política ni maniobraron. Ellos simplemente se arrodillaron e inclinaron la cabeza delante del Señor, tomaron al Señor como Cabeza, aceptaron Su autoridad y permitieron que Él actuara. Lo que dijeron después de eso, lo hicieron de manera franca, abierta y directa. Ésta es la manera correcta de experimentar la autoridad, el señorío, de Cristo como Cabeza en la iglesia. No tenemos un papa entre nosotros tal como lo tiene la Iglesia Católica, a quien todos los santos deban someterse. Ejercer la autoridad de esta manera es algo diabólico; procede del Hades y no de la Nueva Jerusalén. Al contrario, todos debemos experimentar la autoridad de Cristo como Cabeza. La mejor forma de glorificar a Cristo y de honrar al Señor es tomarlo como nuestra Cabeza, orando: "Señor, Tú eres la Cabeza. Te tomo como la Cabeza, y hablo y actúo de manera genuina. Estoy sometido a Ti como mi Cabeza".

No sólo los más jóvenes entre nosotros deben someterse a Cristo y permanecer bajo Su autoridad como Cabeza; incluso el mayor debe someterse a Cristo como Cabeza. Si todos los que estamos en la iglesia experimentamos a Cristo como nuestra Cabeza, automáticamente habrá un orden maravilloso y espiritual entre nosotros. Habrá una situación en la que todos sabremos dónde estamos y cuál es nuestra posición correcta respecto al orden de la iglesia. Si en una familia hay muchos miembros, y todos los miembros son cristianos verdaderos, sanos y espirituales, quienes reconocen a Cristo como Cabeza y se someten a Él en su hogar, entonces habrá un orden agradable y espiritual en esa familia. En tal familia, incluso el más joven sabrá cuál es su lugar y posición, y todos estarán correctamente relacionados en cuanto al orden de la familia. Pero si nadie en la familia toma a Cristo como

LA AUTORIDAD EN LA IGLESIA 41

Cabeza, todos pelearán y discutirán entre sí. Entonces, incluso el menor querrá ser el mayor, y el último querrá ser el primero. Habrá desorden en esa familia debido a que no se han sometido a la autoridad del Señor como Cabeza.

EL PROBLEMA CON RESPECTO A QUE HAYA HERMANOS Y HERMANAS EN LA IGLESIA

La iglesia tiene tanto hermanos como hermanas. En muchos lugares, especialmente hoy, las hermanas no están dispuestas a someterse a los hermanos. Algunas hermanas han venido a mí, diciendo: "¿Acaso las hermanas no son iguales a los hermanos? ¿No hay igualdad entre nosotros? ¿Usted cree que los hermanos son mejores?". Incluso he conocido hermanos que se ponen del lado de las hermanas, diciendo: "No estamos de acuerdo en que los hermanos tengan una posición más elevada que las hermanas. Todos somos humanos. ¿Por qué tenemos que ser diferentes de las hermanas?".

Gálatas 3:27-28 dice: "Porque todos los que habéis sido bautizados en Cristo, de Cristo estáis revestidos. No hay judío ni griego, esclavo ni libre, varón ni mujer, porque todos vosotros sois uno en Cristo Jesús". La expresión *no hay judío ni griego* indica que en Cristo el problema de las razas ha sido eliminado; la expresión *[no hay] esclavo ni libre* significa que en Cristo el problema de las clases sociales ha sido eliminado; y la expresión *[no hay] varón ni mujer* indica que en Cristo el problema de las diferencias entre los sexos también ha sido eliminado. En 1 Corintios 12:12-13 dice: "Porque así como el cuerpo es uno, y tiene muchos miembros, pero todos los miembros del cuerpo, siendo muchos, son un solo cuerpo, así también el Cristo. Porque en un solo Espíritu fuimos todos bautizados en un solo Cuerpo, sean judíos o griegos, sean esclavos o libres; y a todos se nos dio a beber de un mismo Espíritu". Gálatas 3 dice que hemos sido bautizados en Cristo, mientras que en 1 Corintios 12 dice que hemos sido bautizados en un solo Cuerpo. Sin embargo, en 1 Corintios 12 no se menciona el varón ni la mujer. En Cristo, el problema con respecto a que haya varón y mujer ha sido eliminado, pero en la iglesia sigue habiendo varón y mujer. Si no existiera el problema de las diferencias entre varones y mujeres, no habría necesidad de hablar acerca de cubrirse la cabeza, como lo vemos en el capítulo anterior, en el capítulo once, ni habría necesidad de hablar sobre la posición de las hermanas en las reuniones de la iglesia, como lo vemos en el capítulo catorce.

En Cristo, el problema racial, el problema social y el problema de las diferencias entre los sexos han sido eliminados. Pero en la iglesia, si bien el problema racial y el problema social han desaparecido, el problema de las diferencias entre varones y mujeres persiste. Por tanto, cuando las hermanas o los hermanos vienen a preguntar por qué existe una diferencia entre los hombres y las mujeres, o si sentimos que las mujeres deben someterse a los hombres, la única respuesta es hacerles la siguiente pregunta: "¿Usted toma a Cristo como Cabeza? ¿Se somete usted a la autoridad de Cristo como Cabeza?". Esto soluciona el problema. Si todos los hermanos y las hermanas que tienen este problema acudieran al Señor a fin de someterse a Él y tomar a Cristo como Cabeza, dicho problema se solucionaría.

EXPERIMENTAR LA AUTORIDAD DE CRISTO COMO NUESTRA CABEZA DE UNA MANERA PRÁCTICA

El orden en la iglesia surge como resultado de que experimentemos la autoridad de Cristo como nuestra Cabeza de una manera práctica. Si cada uno de nosotros se sometiera a la autoridad de Cristo y verdaderamente tomara Su señorío, no habría ningún problema. No habría discusiones; antes bien, se produciría un orden agradable y espiritual entre nosotros. No conseguiremos nada por medio de las doctrinas, las enseñanzas y las discusiones. Podemos discutir diariamente hasta que regrese el Señor, pero no solucionaríamos el problema. Sin embargo, si todos y cada uno de nosotros nos sometiéramos a Cristo como Cabeza y oráramos, diciendo: "Señor, Tú eres la Cabeza; acepto Tu autoridad como Cabeza en mi vida de una manera práctica", todos los problemas se solucionarían. Los problemas no se resuelven por medio de doctrinas ni enseñanzas, sino al experimentar la autoridad de Cristo como nuestra Cabeza.

Debo hablar seriamente. ¿Se dan cuenta de que existe una

naturaleza rebelde dentro de nosotros? Hay un elemento, una esencia, dentro de nosotros que siempre se rebela. El problema en la iglesia es el problema de la rebelión; a nadie le gusta someterse a otros. Esto causa daño y estropea la vida de iglesia. Les ruego que reciban estas palabras de uno de sus hermanos. Si hemos de practicar la vida de iglesia con sinceridad, debemos someternos a Cristo como Cabeza y aceptar la autoridad del Señor. Si no lo hacemos, no habrá manera de poner en práctica la verdadera vida de iglesia. Podemos reunirnos todo el tiempo, pero no experimentaremos la realidad de la vida de iglesia. Simplemente seremos falsos, fingiendo y aparentando; pero jamás seremos personas genuinas. A fin de tener la verdadera vida de iglesia, debemos someternos. No debemos intentar someternos a otros, sino que simplemente debemos someternos a la autoridad de Cristo como Cabeza. Entonces experimentaremos el debido orden en la iglesia. Éste no es un problema entre nosotros y los demás, sino entre nosotros y la Cabeza. Si hay un problema entre los hermanos o entre las hermanas, esto significa que hay un problema entre ellos y Cristo, la Cabeza. Sin duda alguna, si nuestra relación con la Cabeza está bien, entonces nuestra relación con los demás también estará bien. Participaremos en la verdadera vida de iglesia solamente cuando experimentemos la autoridad del Señor como nuestra Cabeza de una manera práctica.

No es nuestra intención organizar algo entre los cristianos, ni buscamos establecer una iglesia de otro tipo. No, eso es algo caído; ése no es el recobro del Señor. En cambio, nos pesa la carga de que en estos últimos días el Señor recobre la verdadera vida de iglesia entre Sus hijos, una vida de iglesia que exprese a Cristo y que introduzca el reino venidero de Dios. Existe una gran necesidad de que se produzca la verdadera vida de iglesia. La verdadera vida de iglesia requiere que sepamos ejercitarnos para aplicar a Cristo como nuestra vida y para experimentar Su autoridad como Cabeza entre nosotros. Vivimos por Él y vivimos sometidos a Él. Él es nuestra vida, y Él es nuestra Cabeza. Ésta es la única manera en la que podemos practicar la verdadera vida de iglesia, y es la única manera en la que todos los problemas podrán resolverse.

Ningún problema se soluciona por medio de discusiones o argumentos. La historia de la iglesia demuestra que las discusiones nunca consiguen nada. De hecho, cuanto más discutimos, más molestias y problemas tenemos. Sometámonos a la autoridad de Cristo como Cabeza. Tenemos que practicar tomar al Señor como nuestra Cabeza y aceptar Su autoridad entre nosotros de una manera práctica. Si vamos a discutir con un hermano, primero debemos examinarnos a nosotros mismos y preguntarnos: "¿Estoy sometido a la autoridad de Cristo como Cabeza?". Si nos examinamos de esta manera, todos nuestros argumentos desaparecerán. La autoridad del Señor como Cabeza es la respuesta a todos nuestros argumentos.

Debemos ver claramente que es necesario que exista un orden espiritual en la iglesia, y dicho orden surge sólo como resultado de que experimentemos la autoridad de Cristo como nuestra Cabeza de una manera práctica. Si éste no es nuestro caso, será imposible que practiquemos la verdadera vida de iglesia. Busquemos al Señor con respecto a este asunto. Esto es muy básico y muy vital. Si experimentamos esto, tendremos la vida de iglesia; si no lo experimentamos, la vida de iglesia se desvanecerá.

Capítulo cuatro

LOS ESTATUTOS DE LA IGLESIA

En este capítulo consideraremos los estatutos de la iglesia. Aunque en el Nuevo Testamento no exista la palabra *estatutos*, quizás no haya otra palabra para expresar este aspecto de la iglesia. *Estatutos* se refiere a las reglas, normas y ordenanzas de la iglesia. Hoy, toda organización cristiana tiene sus reglas, normas y ordenanzas, pero debemos regresar a las Escrituras para ver los estatutos ordenados por Dios. Si leemos el Nuevo Testamento cuidadosamente, repetidas veces y con determinación, descubriremos que es difícil encontrar allí reglas, normas y ordenanzas para la iglesia. En un sentido estricto, no existe tal asunto en el Nuevo Testamento. Desde la formación de la iglesia en el día de Pentecostés en Hechos 2, hasta el final del Nuevo Testamento, no hallamos ningunas reglas, normas ni ordenanzas para la iglesia. En los primeros capítulos de Hechos, no podemos encontrar tales asuntos en la iglesia en Jerusalén. Pedro, Juan y todos los primeros apóstoles no establecieron ningunas reglas o normas para formar la iglesia.

Debemos hablar acerca de los estatutos de la iglesia porque muchos santos piensan que si hemos de practicar la vida de iglesia, debemos tener ciertas reglas, normas y ordenanzas. Algunos dicen que no tenemos ordenanzas escritas, pero que sí están implícitas. Sin embargo, no sólo no debemos tener reglas escritas, sino tampoco debemos tener reglas implícitas. De hecho, no debemos tener ninguna clase de reglas, normas ni ordenanzas externas para la iglesia; más bien, ésta debe tener estatutos espirituales, es decir, hay reglas y normas espirituales para la iglesia.

LA CRUZ

La primera norma espiritual de la iglesia es la cruz. La iglesia fue creada por Cristo, pero la cruz de Cristo fue el medio con el cual y por el cual Cristo creó la iglesia. El Nuevo Testamento habla principalmente de Cristo, de la cruz, de la iglesia y del reino. Cristo realizó Su obra en la cruz, Él creó la iglesia por medio de la cruz, y la iglesia introduce el reino. Sin Cristo no hay cruz, sin la cruz la iglesia no puede llegar a existir, y sin la iglesia no hay posibilidad de que el reino venga. Por tanto, Cristo es primero, la cruz segundo, la iglesia tercero y el reino cuarto. Sin Cristo la iglesia no tendría fuente u origen, y sin la cruz no existiría el medio para que la iglesia fuera creada. Por tanto, la cruz es la regla y norma de la iglesia.

Ahora debemos considerar cómo creó Cristo la iglesia por medio de la cruz. Cristo llevó a la cruz todas las cosas negativas, incluyendo el pecado, los pecados, el alma, la carne, el yo, Satanás, el mundo maligno y la muerte. La cruz ha eliminado y terminado todas estas cosas negativas. El pecado, los pecados, el yo, la carne, el mundo y Satanás no pueden pasar por la cruz. Por tanto, la iglesia no viene antes de la cruz, sino después de la cruz. La cruz es una prueba y un punto de control o inspección, y venimos a la iglesia sólo después de cruzar dicho punto.

Cuando los extranjeros vienen a este país, primero deben pasar por un punto de control o inspección para que se les revise y examine todo lo que tienen. Antes de entrar a este país por tercera vez, algunos amigos de las Filipinas me dieron unos mangos para disfrutar y compartir con los demás en este país. Pero los inspectores en el aeropuerto no me permitieron introducir al país estas cosas maravillosas. Me dijeron que no podía pasar con ellas. Tenemos que acatar las reglas impuestas por la inspección aduanera, o no se nos permitirá entrar al país. De igual manera, afuera de la puerta de la iglesia hay un punto de control o inspección, que es la cruz. Cuando venimos a la iglesia, tenemos que poner todos los "mangos" en la cruz y dejarlos allí. Esto significa que debemos poner en la cruz nuestros pecados, nuestro yo, nuestra carne, las cosas mundanas, Satanás y todas las cosas que proceden de la muerte. La cruz debe examinarnos, y debemos pasar por esta inspección a fin de poder entrar en la iglesia. ¿Ha sido usted examinado en la cruz? Antes de venir a la iglesia, ¿ha sido calibrado por la cruz? Nunca podré olvidar un mensaje dado por el hermano Watchman Nee en el que dijo que a la entrada de la iglesia está la cruz. Al venir a la iglesia, pasamos primero por la cruz. Si llegamos a la iglesia sin ser examinados por la cruz, seremos un peligro para la iglesia. Eso significa que no hemos sido examinados, que no estamos bajo ninguna regla o norma, y que llegamos a la iglesia de una manera salvaje y natural, de una manera que carece de reglas y normas. La regla y norma es la cruz. La cruz debe examinarnos, regularnos y gobernarnos

No tenemos estatutos externos, pero sí tenemos estatutos espirituales, y el primero de ellos es la cruz. Pasar por la cruz es la primera regla, el primero de los estatutos espirituales de la iglesia. Antes de que un hermano venga a la reunión de ancianos para sugerir algo o para plantear un tema, debe pasar por el primer estatuto espiritual de la iglesia, es decir, por la cruz. Primero debe pasar por la cruz y ser examinado por ella. Debe examinarse, diciendo: "¿Están en la cruz mi carne, mi yo, mis deseos personales, mi voluntad, mi mente, mis ideas y mis pensamientos?". Si uno no es examinado, inspeccionado, por la cruz y viene a la reunión de los ancianos de una manera natural, causará daño a la reunión de los ancianos y a toda la iglesia.

Basado en mi experiencia puedo testificar que casi en toda ocasión que los hermanos responsables de la iglesia se han reunido, primero nos hemos arrodillado para orar: "Señor, antes de que hablemos cualquier cosa sobre la iglesia, examínanos con la cruz". Entonces, si un hermano trae algo a la reunión, la cruz lo examina y él se pregunta: "¿Es esto algo mundano? ¿Puede pasar la prueba de la cruz?". Si se examina de esta manera, inmediatamente tendrá claridad. Quizás diga: "Señor, esto es algo mundano. Perdóname. Debo ponerlo en la cruz". Nunca podré olvidar cómo en cierta reunión de ancianos se planteó un problema, y un hermano comenzó a discutir. Después de decir dos frases, él dijo: "Hermanos, me detendré aquí. Por favor, perdónenme porque hablé en mi yo y en la carne". Ésta es la regulación, la norma, de la cruz. Si deseamos practicar la verdadera vida de iglesia, debemos pasar por la cruz y ser examinados por ella. La cruz es el medio por el cual el Señor ha eliminado todas las cosas negativas. No podemos cruzar por la cruz aferrándonos a algo negativo. Sobre la base de mis experiencias puedo decirles que no es sencillo practicar la vida de iglesia con los santos. La vida de iglesia incluye toda clase de personas. No podríamos decir por qué hay tantas personas peculiares entre nosotros los cristianos. ¿Qué podemos hacer? Muchas veces me he visto forzado a decirle a alguien: "¿Ha pasado por la cruz con respecto a todo lo que está diciendo?". Ésta es la mejor manera de detener a las personas que hablan de una manera carnal. Si les hacemos esta pregunta a los hermanos, se darán cuenta en su conciencia de que no han pasado por la cruz.

Sin embargo, debemos tener cuidado cuando les preguntamos esto a las personas. Si hemos de corregir a las personas de esta manera, primero debemos examinarnos a nosotros mismos y verificar si hemos pasado por la cruz. En mi ciudad natal en el norte de China, alrededor de 1937, los hermanos responsables aún eran jóvenes. Una vez en una reunión de hermanos responsables un hermano dijo algo en la carne. Le pregunté: "¿Considera que usted está en el espíritu y que ha pasado por la cruz al decir esto?". Él respondió: "Hermano Lee, ¿considera que usted está en el espíritu y que ha pasado por la cruz a fin de examinarme a mí?". Después de esto, no dije nada, y casi se me salieron las lágrimas. A la mañana siguiente, ese hermano vino a mí con lágrimas y me dijo que no había podido dormir durante toda la noche. Dijo que había hablado en la carne, y me pidió perdón. En la siguiente reunión de hermanos responsables, él fue el primero en hablar. Les pidió perdón a todos los hermanos por lo que había hecho, y nosotros lo consolamos. Ciertamente, con esto podemos ver cuál es la norma en la iglesia. La primera norma es la cruz.

CRISTO COMO VIDA

El segundo ítem de los estatutos espirituales de la iglesia

LOS ESTATUTOS DE LA IGLESIA 49

es Cristo como vida. Por el lado negativo, la cruz elimina todas las opiniones negativas, pensamientos, conceptos discrepantes, ideas, deseos y cosas del yo, del mundo y del pecado. Por el lado positivo, la cruz libera a Cristo como vida. La muerte del Señor fue Su liberación. Cuanto más pasamos por la cruz, más Cristo es liberado en nosotros. Si aprendiéramos las lecciones de la cruz, Cristo el Señor sería mucho más liberado entre nosotros. Esto no es algo negativo, sino positivo. No tenemos normas escritas, pero tenemos las normas en la vida divina, las cuales son Cristo. El que tomemos sólo a Cristo como nuestra vida, y nada más, es una de las reglas, normas y ordenanzas maravillosas para la iglesia. Por la soberanía del Señor, hemos experimentado esta maravillosa norma en los últimos años. Casi cada vez que nos hemos reunido para servir al Señor, hemos experimentado a Cristo.

Debemos ser cuidadosos y examinar si actuamos o no según esta norma, conforme a los estatutos espirituales de la iglesia. Debemos examinarnos preguntándonos: "¿Es esto algo de Cristo como vida?". Éste no es un asunto doctrinal, sino algo que debemos poner en práctica. Cuándo los hermanos y hermanas que nos reunimos para practicar la vida de iglesia hablamos acerca de algo o sugerimos algo, debemos examinarnos y preguntar: "Señor, ¿esto es algo que procede de Ti? ¿Es algo que procede de la vida divina?". Si no es algo de vida, debemos dejarlo. No debemos insistir en tales cosas; sencillamente debemos renunciar a ellas. Tenemos que examinarnos a nosotros mismos para ver si estamos tomando a Cristo como vida. Si hacemos esto, nos evitaremos muchos problemas. No tendremos problemas si nos examinamos a nosotros mismos, tomando la norma de Cristo como vida.

Después que pasamos por la cruz, Cristo es liberado en nosotros como realidad de la iglesia. Si no experimentamos a Cristo como vida, realmente no tenemos la vida de iglesia. La vida de iglesia consiste simplemente en que Cristo sea hecho real a nosotros de manera corporativa. No somos una organización religiosa. Somos un grupo de personas que han sido salvas, regeneradas, en las cuales mora el Espíritu Santo, y quienes nos reunimos a fin de experimentar a Cristo de una manera corporativa. Lo que planteemos o sugiramos siempre debe ser Cristo como nuestra vida. Si guardáramos esta norma, esta regla, ¡qué maravillosa sería la iglesia! Esto no es simplemente una doctrina. Recientemente, algunos amigos vinieron a preguntarme: "¿Hermano Lee, qué clase de normas y reglas tienen?". Esto es difícil de contestar. Yo no diría que tenemos reglas, ni tampoco diría que no las tenemos. Ciertamente tenemos normas, pero no son normas escritas; más bien, son las normas que hay en Cristo mismo. La primera regla o norma de la iglesia es la cruz, y la segunda es tomar a Cristo como vida. Si aceptáramos estas palabras y nos examináramos a nosotros mismos, a otros y a toda la iglesia conforme a estas normas, veríamos cuán maravillosa sería la vida de iglesia. Esto nos salvará de muchos problemas.

EL ESPÍRITU SANTO

El tercer ítem de los estatutos espirituales de la iglesia es el Espíritu Santo en nuestro espíritu. El Espíritu de Dios, el Espíritu de Cristo, el Espíritu de vida, es la norma viviente. Por tanto, no es necesario que tengamos reglas escritas. La historia de los credos de la iglesia, que incluye todos los diferentes credos a partir del tiempo de los padres apostólicos, consta de varios tomos grandes. En los últimos años muchas personas me han preguntado qué clase de credo tenemos nosotros. Siempre me gusta decirles que no tenemos un credo; más bien, tenemos la cruz, tenemos a Cristo y tenemos al Espíritu de Dios. Estos son los ítems de los estatutos espirituales de la iglesia. Al practicar la vida de iglesia, necesitamos experimentar al Espíritu Santo como nuestro credo viviente.

Quizás afirmemos conocer al Espíritu Santo como nuestro credo incluso más de lo que conozcamos la cruz. No obstante, sin experimentar la cruz, podemos emplear mal la enseñanza acerca del Espíritu e incluso abusar de ella. Uno de los aspectos del Espíritu Santo en esta era, o dispensación, de la gracia es presentado en las santas Escrituras como lluvia del cielo. Muchas personas reciben la lluvia, pero la emplean mal y abusan de lo que reciben. Si nos examinamos ante la cruz y honramos, magnificamos, exaltamos y respetamos al Señor Jesucristo, estaremos en la posición correcta para experimentar al Espíritu Santo de una manera apropiada. Tenemos que ser examinados por la cruz y ser salvaguardados por Cristo; entonces experimentaremos al Espíritu de una manera apropiada. El Espíritu es nuestro estatuto. Siempre que nos reunamos, debemos hacerlo todo en el Espíritu. Cuando hablemos acerca de algo, debemos hacerlo en el Espíritu. Si no experimentamos al Espíritu que nos unge en nuestro interior, debemos detenernos, permanecer callados y hacer nuestra idea a un lado. Si no sentimos la confirmación o el sello del Espíritu Santo respecto a lo que estamos diciendo, debemos detenernos. En años recientes, por la misericordia y la gracia del Señor, he aprendido la lección de nunca discutir ni pelear con la gente. Muchas veces las personas discuten conmigo, pero les pregunto: "¿Tiene usted la unción interior en este momento mientras habla?". Esto nos muestra dónde estamos. Al indagar si tenemos la unción o no, siempre sabremos qué hacer. Si no tenemos la unción, debemos detenernos.

No hay reglas externas entre nosotros; nuestra norma es la cruz, Cristo y el Espíritu. Si no somos uno con el Espíritu, no tenemos nada que hacer ni decir; estamos acabados. Quizás tengamos la razón en todo, pero carezcamos de una cosa; quizás carezcamos del Espíritu Santo y Su unción en nuestro interior.

LA AUTORIDAD DE CRISTO COMO CABEZA

El cuarto ítem de los estatutos espirituales de la iglesia es la autoridad de Cristo como Cabeza. No tenemos reglas externas, pero tenemos una Cabeza que nos gobierna. Tenemos a Cristo el Señor como Cabeza, quien siempre nos dirige. Estamos bajo Su posición como Cabeza, y nos sometemos a Su autoridad. Tenemos que ser examinados por la cruz, por Cristo, por el Espíritu Santo y por la autoridad de Cristo como Cabeza. ¿Estamos sometidos a la Cabeza de la iglesia? A medida que la autoridad de Cristo el Señor nos gobierna, se eliminan muchos problemas y errores.

Día a día todos los miembros de nuestro cuerpo físico son dirigidos por nuestra cabeza. Dichos miembros no pueden hacer lo que les guste ni actuar como deseen. Quizás la mano quiera pegarle a un hermano, pero la cabeza la dirige y hace que se detenga. Si hemos de testificar solemnemente que somos de Cristo, debemos experimentar a Cristo el Señor como nuestra Cabeza. No sólo lo amamos sino que, además, lo respetamos como nuestra Cabeza y nos sometemos a Su autoridad. Ésta es nuestra regla o norma. Si no conocemos la autoridad del Señor Jesús como Cabeza, y si no podemos guiar a los creyentes a someterse a tal autoridad, será imposible que practiquemos la vida de iglesia. Si ése es el caso, cuando nos reunamos, en lugar de tener a Cristo como nuestra única Cabeza, seremos como un hombre que tiene muchas cabezas. Si perdemos la Cabeza, cada miembro llegará a ser una cabeza; pero si simplemente tomamos a Cristo como la Cabeza, todo miembro será sumiso y será dirigido por la autoridad de Cristo como Cabeza. Todo lo que hagamos, practiquemos y sugiramos en la iglesia, debe ser examinado a fin de comprobar que esté sometido a la autoridad de Cristo. En esto consiste ser examinados por la cruz, por Cristo, por el Espíritu y por la autoridad de Cristo como Cabeza.

EL CUERPO

El quinto ítem de los estatutos espirituales de la iglesia es el Cuerpo de Cristo. Debemos ser dirigidos, restringidos y limitados por el Cuerpo. En 1939 el hermano Watchman Nee fue a Europa y estuvo ausente de China por año y medio. Durante ese tiempo, los hermanos y hermanas que buscaban y servían al Señor se percataron por su propia experiencia que cuando se distribuía el pan y la copa en la reunión de la mesa del Señor, lo mejor era que todos tocaran al Señor en el espíritu y le disfrutaran de manera silenciosa. En aquel entonces, pudimos percibir grandemente la presencia del Señor mientras pasábamos el pan y la copa. Sin embargo, puesto que el hermano Nee estaba ausente durante ese tiempo, él no sabía de esta nueva práctica. Al volver de su viaje, él fue a la reunión de la mesa del Señor. Cuando la copa fue bendecida y distribuida entre los hermanos, él recibió la unción y la inspiración para cantar un himno, pero uno de los ancianos le dijo que era mejor estar en silencio. El hermano Nee, gozoso, se detuvo. Yo estaba sentado muy cerca de él, y vi todo lo que sucedió. Creo firmemente que el hermano Nee recibió la debida inspiración para cantar; él no era una persona descuidada ni infantil, sino que, más bien, estaba lleno de experiencia espiritual. Sin embargo, también estaba bajo la dirección y limitación del Cuerpo y se sometió al Cuerpo. Debemos aprender a ser restringidos y limitados por el Cuerpo. La madre de Watchman Nee era una hermana muy querida y apreciada, que tenía varios dones espirituales. Ella era muy activa, positiva y viviente; incluso escribió un libro como testimonio del Señor. En 1948 tuvimos una conferencia de varias reuniones a la que asistieron cientos de personas, y los primeros días ella ofreció una oración viviente cada noche. Sin embargo, sentimos que sus oraciones no correspondían con la necesidad que había en esas reuniones. Podemos dar un ejemplo de esto haciendo referencia a la ropa. Si alguien necesita una corbata, no debemos darle un cinturón. Incluso un cinturón muy caro no puede reemplazar una corbata. La oración de la hermana Nee era agradable, viviente y fuerte, pero los que estaban en la delantera sintieron que no satisfacía la necesidad de ese momento. Sin embargo, como era una hermana mayor y muy amada, no sabíamos qué hacer. Después de las reuniones, algunos de los que llevaban la delantera tenían comunión acerca de la conferencia. La tercera noche de reuniones, el hermano Nee me dijo que tomara un lápiz y un papel y que le escribiera una breve nota a nuestra hermana mayor, diciendo: "Hermana Nee, después de oír sus oraciones en las reuniones durante los últimos días, todos sentimos que no corresponden con la necesidad. Le recordamos que debe limitarse, y le pedimos que de ahora en adelante no ofrezca tales oraciones en las reuniones. Que el Señor esté con usted". El hermano Nee, yo y una hermana colaboradora firmamos la nota y se la dimos a la hermana Nee. El día siguiente, antes de que comenzara la reunión, ella vino a mí con lágrimas y me dijo: "¡Hermano Lee, alabado sea el Señor!". Aunque tenía un sentimiento profundo, sus palabras indicaban que había aceptado la comunión. La limitación y la restricción del Cuerpo son maravillosas.

Si experimentamos la limitación del Cuerpo de esta manera, el Señor estará con nosotros. Debemos siempre tomar en cuenta si somos aprobados por el Cuerpo en todo lo que hacemos. Debemos preguntarnos: "Si actúo de esta manera, ¿soy aprobado por el Cuerpo? ¿Estarán contentos todos los hermanos y hermanas si hago esto? ¿Cuando me comporto de tal manera en las reuniones, están los hermanos contentos conmigo?". Debemos ser examinados por los hermanos, es decir, por el Cuerpo. A veces les digo a los hermanos: "Díganme francamente; díganme la verdad. ¿Están contentos con lo que estoy haciendo? Espero que me digan cómo se sienten". Ésta es la agradable restricción del Cuerpo.

TENER UNA ACTITUD AMPLIA

El sexto ítem de los estatutos espirituales de la iglesia consiste en tener una actitud amplia. En nuestra relación con otros, no debemos insistir en nada en particular. Debemos ser abiertos y comprensivos. Simplemente debemos tener comunión, hablar, orar y buscar la mano del Señor. Entonces, todos nos pondremos de acuerdo sobre cómo el Señor nos quiere guiar, y avanzaremos dando un paso juntos. Si no es así, simplemente debemos esperar. Si hemos de experimentar la verdadera vida de iglesia, debemos tener una actitud abierta y amplia.

Con la palabra *amplia,* queremos decir que tenemos al Señor Jesús como nuestro Salvador, nuestro Señor, nuestra vida y el todo para nosotros. Además, no estamos de acuerdo con nada que cause daño a la iglesia. Éstas son las cosas en las que debemos insistir, pero aparte de esto, tenemos una actitud completamente abierta y amplia. Alguien puede creer en el bautismo por inmersión y practicarlo, pero no debe insistir en ello. Quizás un porcentaje de los hijos del Señor no estén de acuerdo con esta práctica; si insistimos en ello, surgirán opiniones diferentes.

Podemos poner algo en práctica si sentimos que es algo debido y correcto, pero en la iglesia debemos tener una actitud amplia y comprensiva. Si nuestra actitud no es amplia, nos aferraremos a cosas como si fueran algo especial; entonces, crearemos problemas y seremos sectarios. Si algunos hermanos y hermanas insisten en el bautismo por inmersión, y otros insisten en el bautismo por aspersión, ambos partidos pelearán. ¿Qué le pasará entonces a la vida de iglesia? Se desvanecerá. No debemos insistir en estas cosas ni debemos pelear con los hijos del Señor. Podemos creer firmemente que el bautismo por aspersión es suficiente, pero no debemos insistir en ello; más bien, debemos recibirnos unos a otros de manera general y con una actitud muy abierta y amplia. Entonces los demás tomarán la misma actitud, y todos podremos arrodillarnos delante del Señor y orar: "Señor, ¿cómo nos diriges Tú?". Ésta es la manera correcta de practicar la vida de iglesia.

Algunos santos queridos y fuertes, que realmente han dado sus vidas por el Señor, simplemente no están de acuerdo con el hablar en lenguas. Se oponen a ello y dicen que es incorrecto, e incluso diabólico. Esta clase de actitud no es correcta; es demasiado extrema. No debemos oponernos al hablar en lenguas pero, siguiendo el mismo principio, si hablamos en lenguas de manera auténtica, simplemente debemos alabar al Señor por Su misericordia. Podemos tener alguna práctica, pero no debemos traerla a la iglesia para promoverla e insistir en ella. Es posible que muchos queridos hermanos y hermanas no estén contentos si alguien habla en lenguas en las reuniones, así que dicha persona debe tener una actitud amplia y comprensiva. En lo personal, uno puede hablar en lenguas, pero debe venir a las reuniones con una actitud amplia y comprensiva, sin aferrarse a nada como algo especial. No hagamos una regla respecto a si debemos o no hablar en lenguas en las reuniones. Tenemos que abrir nuestro ser al Señor, tener una actitud amplia unos con otros y dejarle este asunto al Señor. Si algunos santos no están de acuerdo con el hablar en lenguas, por causa de ellos debemos hacer esto a un lado por un tiempo. Del mismo modo, debemos tratar con todas las demás cosas de esta misma manera.

Únicamente debemos insistir en que el Señor Jesús sea todo para nosotros. No podemos renunciar a esto. Si alguien dice algo oponiéndose al Señor Jesús, debemos estar firmes y luchar en contra de tales palabras, pero respecto a lo demás debemos tener una actitud amplia y comprensiva. No debemos aferrarnos a nada en especial. Podemos tener una experiencia personal, pero no debemos insistir en ello como algo especial. Si insistimos en algo especial, seremos sectarios. Podemos reunirnos con personas de diferentes trasfondos y experiencias, pero al reunirnos, lo hacemos de una manera general y con una actitud amplia. No debemos insistir en nada. Si a alguien le gusta algo y se siente bien haciéndolo, mientras que no sea algo que esté en contra del Señor mismo, debemos estar dispuesto a recibirlo de una manera general.

Sin embargo, no es fácil tener una actitud amplia. Incluso si acudimos al Señor para ser examinados por Él, es posible que todavía haya algo en nosotros en lo cual insistamos. Si insistimos en oponernos al hablar en lenguas, estamos equivocados, y si insistimos en hablar en lenguas, también estamos errados. Debemos ser abiertos, objetivos y tener una actitud amplia unos con otros. No seguimos el camino de las denominaciones, tal como los menonitas, la Asamblea de los Hermanos, los metodistas o algún otro grupo religioso. Tenemos una actitud amplia y comprensiva, y somos abiertos y objetivos delante del Señor. Nos reunimos simplemente como los santos del Señor en una localidad para poner en práctica la vida del Cuerpo sin reglas externas. Además, renunciamos a nuestro propio trasfondo. En todo el tiempo que he estado en este país, nunca he insistido en nada que proceda de las iglesias en el Lejano Oriente. No debemos introducir en la iglesia nuestro propio trasfondo.

Cuando nos reunamos, seamos completamente abiertos y objetivos y tengamos una actitud amplia y comprensiva. Debemos reunirnos, orar y tener comunión. Todos nosotros, especialmente los que tomamos la delantera, necesitamos orar juntos por más tiempo. No debemos hacer las cosas según nuestra experiencia previa, ni debemos tomar decisiones según nuestro trasfondo o conocimiento anterior. Los que toman la delantera deben orar mucho de manera viviente, nueva y fresca, e incluso ayunar delante del Señor. Entonces podrán permitir que el Señor les guíe de una manera nueva, una manera que no sea conforme a método alguno, sino según la dirección viviente, fresca y nueva del Espíritu Santo en cada momento y en cada asunto. Ésta es la manera correcta. Me preocupa mucho la reunión de los hermanos que llevan la delantera. Los hermanos que estamos en la delantera no oramos lo suficiente. Debemos olvidarnos del pasado, de todos los problemas de la iglesia y de los asuntos prácticos de la iglesia, y dedicar más tiempo para orar, incluso ayunar, y buscar al Señor, diciéndole: "¿Señor, qué piensas Tú? ¿Cuál es Tu propósito y Tu dirección en lo que está por delante?". Ésta es la manera viviente, pero requiere que todos y cada uno dejemos nuestro pasado y nos olvidemos de él.

No debemos introducir en la iglesia nuestras experiencias anteriores ni nuestro trasfondo, doctrinas, influencia ni enseñanzas. Si lo hacemos, seremos sectarios. Debemos tener una actitud muy amplia y comprensiva. No debemos tomar en cuenta si algo nos gusta o no. Si nos gusta algo, es posible que al Señor no le guste, o si no nos gusta algo, quizás al Señor sí le guste. Debemos abrir nuestro ser completamente al Señor y unos a otros, y tener una actitud amplia en todo sentido. ¿Estamos dispuestos a hacer esto? No es fácil.

Un hermano del occidente que viajó al oriente, vino a mí un día y me dijo: "Nosotros los cristianos del occidente permitimos que los hermanos y las hermanas se sienten juntos en las reuniones. ¿Por qué ustedes aquí sientan a las hermanas en un lado y a los hermanos en el otro? Simplemente no puedo estar de acuerdo con esto". Pareciera que este hermano sólo podía estar contento con su manera de hacer las cosas. No debemos introducir nuestro trasfondo a la iglesia. No debemos venir a la iglesia con algo de nuestro pasado, sino simplemente venir con un espíritu abierto y un corazón que incluya a todos, completamente abiertos al Señor, a la iglesia y a los hijos del Señor, a fin de tener comunión, esperar, orar y buscar al Señor. El Señor viviente nos dará Su dirección viviente para el momento actual. Ésta es la manera correcta.

No debemos quejarnos de los demás ni exigirles nada; simplemente debemos examinarnos a nosotros mismos. ¿Venimos a practicar la vida de iglesia con algo en nuestro corazón en lo cual insistimos? No debemos decir: "Estoy de acuerdo con esto, pero no estoy de acuerdo con aquello". En cambio, debemos ser abiertos y tener una actitud amplia y comprensiva, sin insistir ni promulgar nada de nuestro pasado o trasfondo. Amamos al Señor y lo respetamos, y amamos a Su iglesia, a Su cuerpo y a Sus santos. Reunámonos sin insistir en nada. Simplemente seamos abiertos y tengamos una actitud amplia, oremos y tengamos comunión viviente con el Señor y unos con otros, y permitamos que el Señor nos guíe de una manera nueva y fresca. Si hacemos esto, el Señor hará mucho entre nosotros, y pasarán muchas cosas maravillosas porque habremos abierto el camino para que el Señor actúe libremente. El Señor será liberado; no estará atado por nosotros.

LA PALABRA DE DIOS

El séptimo y último ítem de los estatutos espirituales de la iglesia es la Palabra de Dios. Debemos ser examinados por la Palabra en todos los asuntos importantes y vitales. No es necesario decir mucho, porque muchos de nosotros ya entendemos esto.

Los estatutos espirituales de la iglesia son: la cruz, Cristo, el Espíritu Santo, la autoridad de Cristo como Cabeza, el Cuerpo, una actitud amplia y la Palabra de Dios. Si hemos de practicar la verdadera vida de iglesia, debemos tomar todos estos asuntos y ponerlos en práctica. Si guardamos estos siete ítems de los estatutos espirituales de la iglesia, la iglesia recibirá ayuda por parte de nosotros. Si somos examinados en cuanto a estos puntos, llegaremos a ser una ayuda muy positiva para la iglesia. De lo contrario, causaremos daño, seremos un obstáculo e incluso un peligro para la vida de iglesia. Que el Señor tenga misericordia de nosotros.

Capítulo cinco

LA ORACIÓN DE LA IGLESIA

Lectura bíblica: Hch. 2:42; 4:23-24, 29-31; 12:5, 12

En este capítulo veremos algo sobre la vida de oración al poner en práctica la vida de iglesia. En un sentido estricto, en la iglesia no hay ningún estatuto externo; más bien, lo que la iglesia debe llevar es una vida de oración. Existe una gran diferencia entre lo que las personas practican en las iglesias cristianas actualmente, y lo que consta en Hechos respecto a las iglesias. Hoy, lo que la gente practica son reglas, normas, credos y estatutos externos, pero no podemos encontrar tales cosas en el libro de Hechos. Las iglesias no tenían reglas ni estatutos externos; lo que tenían era una vida de iglesia en oración.

La oración dio inicio a la existencia de la iglesia. La primera iglesia local, la primera expresión de la iglesia, llegó a existir por medio de la oración de los ciento veinte por diez días. Ellos no tenían reglamentos escritos ni estatutos, tal como los de una organización. Lo que hicieron fue orar por diez días. Oraron y oraron hasta que un día sucedió algo, pero no por ellos mismos, sino de parte de Dios. Ésa fue la manera en que se formó la primera iglesia local. Ésa fue la manera en que la primera expresión del Cuerpo del Señor llegó a existir.

PERSEVERAR EN LA ENSEÑANZA Y EN LA COMUNIÓN DE LOS APÓSTOLES, EN EL PARTIMIENTO DEL PAN Y EN LAS ORACIONES

Después de ser formada, la iglesia primitiva perseveró en cuatro cosas (Hch. 2:42). La primera fue la enseñanza de los apóstoles. Guardar la enseñanza de los apóstoles equivale a guardar la enseñanza del Señor, puesto que la enseñanza de los apóstoles es la enseñanza del Señor. Los discípulos requerían ser enseñados a fin de que pudiesen ser transformados en muchos aspectos. Al leer los primeros capítulos de Hechos vemos que en los primeros días, cuando la iglesia fue formada, todos los miembros de la primera expresión del Cuerpo del Señor fueron llevados al punto en que renunciaron a sus conceptos, sus trasfondos y su modo de ser antiguo, a fin de recibir algo nuevo. Este cambio se efectuó a medida que recibían y guardaban la palabra del Señor, la cual les fue transmitida por los apóstoles. No existe evidencia ni indicios de que ellos se aferraran a las cosas de su pasado. En su vivir y en su ser interior, ellos abandonaron sus costumbres y todo su pasado mediante el poder del Espíritu Santo, y tomaron la palabra del Señor para recibir algo nuevo. Éste es el significado correcto de perseverar en la enseñanza de los apóstoles.

De esta manera, los discípulos no sólo fueron salvos y perdonados por el Señor, sino que fueron realmente regenerados, y su regeneración incluyó cierta medida de transformación. Fueron transformados, por lo menos, respecto a la manera de llevar su vida humana. En cuanto a su manera de proceder, ellos se olvidaron de todo lo que practicaban en el pasado y abandonaron por completo su trasfondo. Ellos acudieron a la palabra, a las enseñanzas del Señor, a fin de adoptar un camino nuevo. No tomaron la palabra del Señor como teoría; más bien, aprendieron la palabra del Señor de una manera práctica. No estudiaron teología, sino que aprendieron cómo seguir al Señor, cómo llevar una vida diaria nueva y cómo tener una vida de iglesia. Fueron regenerados y transformados hasta el grado de abandonar todo su pasado y tomar una nueva manera de vivir, de laborar, de servir al Señor y de practicar la vida de iglesia.

El segundo asunto en el que perseveraron los discípulos fue la comunión de los apóstoles. La comunión es una común participación en la vida del Señor y en el Espíritu del Señor. Por medio de esta comunión los discípulos llegaron a ser uno entre sí de manera práctica en el Espíritu y en la vida divina. La palabra *comunión* es una palabra especial, que en griego conlleva el sentido de introducirnos en la unidad. Tal unidad sólo puede llevarse a cabo en el Espíritu, por el Espíritu y en la vida divina. Todos los discípulos aprendieron a renunciar a su vieja manera humana de vivir e incluso a su propia vida, para vivir por la vida divina, la vida del Señor, y para andar en el Espíritu Santo. Aprendieron a vivir por el Señor como su propia vida y a andar en el Espíritu Santo. Entraron en la unidad de una manera práctica al permanecer en el Espíritu; ésta es la verdadera comunión.

Al leer los primeros cuatro o cinco capítulos de Hechos, podemos ver que los discípulos eran verdaderamente uno, no sólo en la vida interior sino también en su vivir externo. Tenían comunión en la vida divina de manera concreta. Esto es diferente de lo que practican muchos cristianos actualmente. Muchos cristianos se congregan para tener reuniones, pero sólo se saludan amablemente y luego se dicen adiós. Son amables unos con otros, pero no conocen la verdadera situación y condición de los demás. Ésta no es la verdadera comunión. La verdadera comunión es la unidad en el Espíritu y en la vida divina. Los discípulos, incluso, tenían sus posesiones materiales en común. Renunciaron a su propia manera de vivir, y se negaron a su propia vida también. Tomaron al Señor Jesús como su vida y tomaron al Espíritu Santo para su vivir. De esta manera, llegaron a tal punto que podían ser uno de manera práctica en su vivir diario. Éste es el verdadero significado de la comunión. La comunión no consiste simplemente en darle la mano a los demás y saludarse; más bien, consiste en ser introducidos en la unidad en el Espíritu, en la vida divina y en el vivir espiritual.

El tercer asunto en el que perseveraron los discípulos fue el partimiento del pan. Esto no sólo se hacía para recordar al Señor, sino para exhibirlo, testificar de Él y testificar de la vida que ellos llevaban. La mesa del Señor no sólo es un memorial sino que, además, es un testimonio. Nosotros los que hemos sido salvos y regenerados por el Señor y que continuamente vivimos por Él, nos reunimos para exhibir y mostrarle al universo entero —especialmente a los principados, a los poderes, a las potestades y a las autoridades en los cielos— la clase de vida que tenemos y la manera en que vivimos. Vivimos por Jesús como nuestra vida, y la vida que llevamos es simplemente Cristo el Señor mismo. Él es nuestra vida. Él es el pan vivo, y lo disfrutamos día a día. Por consiguiente, nos reunimos para hacer memoria de Él y testificar sobre ello al universo entero.

El cuarto y último elemento de la vida de iglesia en sus comienzos es la vida de oración. Los discípulos no tenían armas, ni estatutos ni tampoco sabiduría o poder mundanos. Lo que tenían era un Dios viviente, y le llevaban todas las cosas a este Dios viviente; le llevaban todos sus problemas a este Señor viviente. Éste es el verdadero significado de la oración. La vida de iglesia en los primeros días era una vida de oración. Si comparamos esto con el cristianismo de hoy, veremos una gran diferencia. En el cristianismo actual, hay muchas enseñanzas, métodos humanos, organizaciones, estatutos, normas, reglas, posesiones materiales y otros asuntos, pero hay muy poca oración. Si hemos de practicar la verdadera vida de iglesia, debemos aprender cómo orar de una manera práctica, prevaleciente, viviente y fresca. Además, debemos aprender cómo ayudarles a otros a orar y hacer de cada miembro de la iglesia un miembro que ora.

Muchas veces me han preguntado cómo un miembro de la iglesia puede llegar a ser un miembro que ejerza su función. Si esperamos que un miembro de la iglesia sea un miembro que ejerza su función, debemos enseñarle primero a orar. No hay otra manera. Un miembro que ora es un miembro que ejerce su función, pero si un miembro no lleva una vida de oración, nunca podrá ser un miembro que ejerza su función. Debemos aprender a orar y debemos aprender cómo ayudar a los demás a orar.

Si hemos de llevar una verdadera vida de iglesia, debemos aprender cómo llevar una vida de oración e, incluso, cómo orar y ayunar. Lo que siento profundamente en estos días es una carencia de oración en la iglesia. Casi preferiría dejar de hablar estos mensajes y usar todo nuestro tiempo para orar. Debemos aprender a orar y debemos aprender cómo orar de una manera corporativa, es decir, orar como iglesia, de modo que la oración sea parte de la vida de iglesia. Éste es un asunto vital y muy necesario hoy.

LA NECESIDAD DE QUE OREN LOS SERVIDORES Y LOS QUE LLEVAN LA DELANTERA

El servicio que rinde uno que lleva la delantera, un anciano, un diácono o un servidor en la iglesia, primeramente gira en torno a la oración. Debemos orar con respecto a la responsabilidad de la iglesia. Todos los que están en el liderazgo deben reunirse a orar. Es difícil orar por iniciativa personal, pero es aún más difícil pedirles a todos los que están en el liderazgo y a los que sirven que se reúnan a orar. La principal razón de esto es que no tenemos la unidad. Cuando los que llevan la delantera se reúnen, uno viene con sus propias ideas, otro viene con sus propios pensamientos, otro viene con sus propios conceptos y todos los demás vienen con sus propios puntos de vista. Cada uno viene tratando de convencer a los demás, con la intención, el deseo y la esperanza de promover algo que él siente que es importante. Esto mata la vida de iglesia, mata la reunión de los que llevan la delantera y mata la manera en que los que están en el liderazgo sobrellevan sus responsabilidades. En tanto que los ancianos no tengan manera de sobrellevar sus responsabilidades, toda la vida de iglesia se desvanecerá. Por tanto, debemos aprender a no traer nada con la intención de imponérselo a otros. Nunca debemos tratar de convencer a los demás, sino simplemente estar en unidad y orar juntos. Hermanos, olvidémonos de nuestras opiniones y reunámonos simplemente a orar. Permitamos que el Señor se abra paso entre nosotros, que actúe y que nos hable.

No estoy hablando de algo que no conozco. He tenido muchas experiencias en el pasado, y puedo testificar que cuando aquellos que están en el liderazgo saben orar de esta manera, la iglesia allí es fuerte, prevaleciente y viviente. En cambio, cuando los que llevan la delantera no conocen esta clase de oración, sino que sólo saben abogar por algo, debatir, pelear y convencerse unos a otros, allí la iglesia estará muerta. Es vergonzoso que en muchas iglesias que están muertas, los que llevan la delantera son muy celosos. Ellos están a favor de las doctrinas y de las enseñanzas, pero insisten demasiado en estas cosas. Cada uno de ellos piensa que tiene la razón y que sabe más que los demás. Quizás un hermano aparente saber algo sobre asuntos espirituales, pero siempre insiste en lo que él sabe. Cuando se reúne con los que llevan la delantera, siempre sabe cómo convencerlos. Sin embargo, quizás no sepa cómo entrar en la presencia del Señor ni cómo acudir a Él con otros para tocar al Señor y permitir que el Señor tenga la oportunidad de hablarles y revelarles algo. Simplemente hablo acerca de lo que he visto en el pasado. Éste es el mayor problema que hay en la iglesia actualmente.

Les aconsejo e incluso les ruego a los hermanos que llevan la delantera en la iglesia, que primeramente practiquen olvidarse de todas las cosas del pasado y que se reúnan para orar. Si hemos de practicar la vida de iglesia, debemos orar acerca de ello en lugar de discutir. Si abrimos la puerta a discusiones acerca de la vida de iglesia, le estaremos abriendo la puerta al enemigo para que entre e introduzca muchas opiniones y pensamientos. La mejor manera de cerrar la puerta y eliminar todas las opiniones, es orar. Arrodillémonos, pero no para expresar nuestros propios pensamientos y opiniones, sino para orar y permitirle al Señor que hable; sin embargo, es posible que sean muy pocos los ancianos que hagan esto. Siempre que nos reunimos existe la tentación de discutir. Primero, un hermano abre su boca para decir unas palabras y expresar un pensamiento, y después, el segundo, el tercero, el cuarto y el quinto hermano hacen lo mismo. Luego, se acaba el tiempo. Además, cuanto más discuten, menos son del mismo sentir. Las discusiones simplemente le abren la puerta al enemigo.

LA ORACIÓN ES LA ÚNICA MANERA DE PRACTICAR LA VIDA DE IGLESIA

Si hemos de aprender a orar con otros de esta manera, primero debemos renunciar a nuestro yo y a nuestros propios pensamientos. Honramos al Señor, le respetamos y le imploramos, diciendo: "Señor, venimos a Ti para buscar Tus pensamientos. Entramos a Tu presencia para darte la plena oportunidad de hablarnos". Debemos orar de esta manera. Aborrezco cualquier otra manera de poner en práctica la iglesia. Algunas personas dicen: "Nosotros ponemos en práctica

LA ORACIÓN DE LA IGLESIA   65

la iglesia neotestamentaria", e incluso algunos procuran practicar la vida de iglesia exteriormente según se muestra en el libro *La vida cristiana normal de la iglesia*. Esto es incorrecto. La única manera correcta de practicar la vida de iglesia es ir al Señor en oración. No debemos seguir una manera externa ni copiar cierta manera de hacer las cosas. Esto es algo muerto. Debemos ir al Señor y orar para abrirle una puerta a fin de que Él pueda actuar. Debemos orar por la situación actual respecto a lo que el Señor ha de hablar y hacer. Debemos orar todos los días hasta que todos veamos lo mismo y tengamos la misma unción interior y la misma certeza. Si no tenemos la unción y la certeza, tenemos que orar más, incluso con ayuno y sin dormir. Ésta es la única manera de poner en práctica la vida de iglesia.

Incluso es incorrecto decir que hemos de practicar la vida de iglesia conforme al libro de Hechos. No debemos decir: "El libro de los Hechos menciona lo que los apóstoles practicaron en los primeros días. Hagamos lo mismo hoy". Esto simplemente es copiar a los apóstoles según la letra muerta. Esto carece de la vida divina, de unción y de impacto. En cambio, simplemente debemos orar. Debemos presentarle en oración al Señor nuestra situación actual, nuestra necesidad y todas las cosas, y orar continuamente hasta que todos los que llevan la delantera tengan la misma unción y la misma certeza de que ven lo que el Señor nos está revelando hoy. Entonces habrá frescura, novedad, unción e impacto. El Señor honrará esto.

Es fácil hablar de esto, pero es muy difícil practicar esta clase de oración. Si intentamos orar de esta manera, descubriremos dónde estamos. Si nos reunimos simplemente para discutir algo, todos estaremos muy activos; pero si intentamos arrodillarnos para orar, después de unos minutos, algunos se empezarán a dormir. Simplemente no les interesa esta clase de oración. Por el contrario, sólo desean saber lo que tienen que hacer. Una de las principales ciudades de China, con una población de más de un millón de habitantes, era un campo muy grande para la obra del Señor, con mucho potencial. Sin embargo, la iglesia allí no avanzó por varios años, y las noticias de sus dificultades y problemas siempre llegaban a nosotros. Un día, el Señor nos guió para ir allí a orar con ellos por un tiempo. Entonces descubrí que no tenían muchos problemas, sino uno solo: el problema era que siempre se peleaban entre sí. Siempre que se reunían, lo único que sabían hacer era pelearse unos con otros. Incluso se pelearon delante de nosotros acerca de la hospitalidad que nos iban a brindar.

Después de descubrir este problema, sugerí que los que estaban en el liderazgo y los que servían se reunieran para orar. Todos estaban de acuerdo, pero mi impresión fue que todos vinieron listos para discutir. Hice lo mejor que pude para detener la discusión. Les dije: "Hermanos y hermanas, arrodillémonos para orar". Sin embargo, cuando nos arrodillamos, nadie comenzó a orar. Me vi obligado a comenzar la oración, pero después de orar, nadie continuó. Entonces oré por segunda vez pero, aun así, nadie continuó. Cuando nos levantamos, todos sonrieron agradablemente y se prepararon para escuchar lo que les iba a decir. Esta condición mató a la iglesia. Me quedé con ellos por muchas semanas hasta que les ayudé un poco a darse cuenta de cuál era su verdadero problema.

Quiero recomendarles que el camino apropiado, el único y mejor camino en cuanto a poner en práctica la iglesia, es orar de manera nueva. No se trata de orar conforme a la vieja manera, buscando convencer a los demás ni pidiendo al Señor que nos ayude a convencer a otros. Debemos renunciar a todas nuestras ideas y pensamientos respecto a orar de esa manera. Olvídense de ese camino y vayan al Señor de una nueva manera para orar, para permitir que el Señor actúe y permitirle que hable. Si no aprendemos a orar corporativamente, de una nueva manera, la iglesia nunca será prevaleciente.

Por un lado, antes de reunirnos a practicar la vida de iglesia, primero debemos leer las Escrituras y muchas enseñanzas espirituales. Debemos conocer cómo practican los metodistas, los presbiterianos, los bautistas, los anglicanos, los luteranos y otros grupos. También debemos conocer la manera en que se practicaba en las epístolas y lo que se enseña en el libro *La vida cristiana normal de la iglesia* y en otros escritos apropiados. Sin embargo, por otro lado, para practicar la vida de iglesia de una manera viviente y prevaleciente, no debemos depender de todas esas enseñanzas. Debemos poner todas las enseñanzas a un lado y simplemente ir al Señor para orar de una manera viviente y nueva. Ésta es la manera correcta. Seguir a otros copiándolos no da resultado. No hay vida divina, impacto ni frescura al hacer eso. Necesitamos la frescura, la novedad, el impacto, la vida, la unción, el poder y la autoridad, y no hay otra manera de obtener esto sino por medio de la oración.

Además, debemos orar lo suficiente, orar para quitar obstáculos y orar de manera nueva. No debemos tener una fórmula en la mente y traerla al Señor, pidiéndole que la lleve a cabo. Ésta es una manera incorrecta de orar. Muchas veces las personas tienen una fórmula que llevan al Señor y le piden que la realice conforme a la manera que ellos proponen. Esto no da resultado. Debemos ir al Señor como una hoja de papel en blanco, diciendo: "Señor, aquí estamos. Escribe en nosotros. Déjanos una impresión de Tus pensamientos y de lo que Tu quieres hacer". Esto requiere fuerza, energía, paciencia y labor en el espíritu. No existe una manera más rápida. Poner en práctica la iglesia no es un asunto rápido. Debemos pagar un precio para lograr esto en el espíritu.

ORAR PARA PELEAR LA GUERRA ESPIRITUAL

Cuando exista un problema o una necesidad, podemos pedir que toda la iglesia ayune, ya sea por una sola comida o por todo un día. Toda la iglesia debe ir al Señor y orar. No hay otra manera de solucionar los problemas, obtener la dirección del Señor e introducir Su pueblo en la realidad espiritual. Puedo testificar en cuanto a esto. Por muchos años, incluso hasta el día de hoy, los ancianos en la iglesia en Taipei se han reunido varias veces por semana. Solamente una de esas reuniones consiste en cuidar de los asuntos de los santos; todas las demás ocasiones son sencillamente tiempos para orar, principalmente, temprano por la mañana. Cuando se reúnen, no discuten acerca de nada; simplemente comienzan a orar.

Hacen esto varias veces a la semana, todas las semanas del año.

El aspecto de la iglesia que el enemigo, Satanás, más teme, es la oración de la iglesia. El hermano Andrew Murray dijo que siempre que la iglesia se arrodilla para orar, Satanás se pone a temblar. Satanás tiembla cuando la iglesia ora. Poner en práctica la iglesia no es simplemente un asunto temporal y humano que concierne a la tierra, sino que, más bien, es algo espiritual y afecta mucho al mundo espiritual. Esto implica una verdadera guerra. El Señor dijo claramente que Él edificaría Su iglesia y que las puertas del Hades no prevalecerían contra ella. Esto indica que siempre y dondequiera que se edifique la iglesia, allí se levantan las actividades de las puertas del Hades en contra de ella. Sabemos esto, y lo hemos experimentado. Por tanto, es necesario que se ore luchando; es necesario que algunos oren para luchar la batalla espiritual.

DETALLES PRÁCTICOS SOBRE LA ORACIÓN

Aquí podemos precisar algunos detalles prácticos sobre la oración de la iglesia. Para llevar una vida de oración, especialmente una vida corporativa de oración, es decir, la vida de oración de la iglesia, primero debemos consagrarnos. Si nunca nos hemos consagrado al Señor, es imposible llevar una verdadera vida de iglesia. Si la oración ha de ser nuestra vida, primero debemos acudir al Señor y decirle: "Señor, aquí estoy. Me consagro a Ti ofreciéndote todo mi ser y toda mi persona, sin reserva alguna". Debemos consagrar todo nuestro ser de manera específica, y cada vez que oremos, debemos tomar esta posición fundamental, diciendo: "Señor, oramos basándonos en el terreno de la consagración".

En segundo lugar, debemos confesar nuestros pecados. Debemos tomar medidas con respecto a nuestros pecados y nuestra conciencia, a fin de que nuestra conciencia esté sin ofensa, pura, buena y recta. Al tomar estas medidas, debemos aplicar la sangre del Señor. Según mi propia experiencia, siempre que voy al Señor dedico mucho tiempo para limpiar mi conciencia a fin de poder orar. Siempre siento la necesidad de ser lavado y cubierto por la sangre del Señor. Incluso cuando oro con los hermanos, digo: "Señor, límpianos con Tu preciosa sangre". Sin embargo, en muchos lugares los hermanos con los que oro no practican esto. A veces me pregunto: "¿Acaso soy yo el más pecaminoso de todos?". En 1 Juan 1:5-9 dice que Dios es luz, y que si tenemos comunión con Él, andamos en luz, y el resultado de estar en la luz es que detectamos la necesidad de aplicar el lavamiento de la sangre del Hijo de Dios. Ciertamente, cuando estamos en luz, es decir, en la presencia de Dios, tenemos que decir: "Señor, perdóname y límpiame con Tu preciosa sangre". Tenemos que confesar nuestros pecados y tomar medidas con respecto a ellos y también con respecto a nuestra conciencia.

En tercer lugar, una vez que nos afirmamos sobre el terreno de la consagración, confesamos todos nuestros pecados y tomamos medidas con respecto a nuestra conciencia, tendremos paz, claridad y transparencia en nuestra conciencia. Entonces, debemos aprender la lección de orar según la unción interior, y no conforme a lo que sabemos, recordamos, deseamos o pensamos. Esto es esencial tanto en la oración individual como en la oración corporativa. Además, no nos deben importar las frases ni la gramática que usemos. Podemos simplemente orar valiéndonos de frases cortas y lenguaje simple.

En cuarto lugar, jamás debemos tratar de corregir a otros o convencerlos mediante nuestra oración; más bien, debemos ser transparentes y trascendentes. Al orar, no debemos hacer alusión a ninguna diferencia humana entre los hermanos, sino ser trascendentes. Al orar, no debemos "conducir un automóvil" por todas las situaciones existentes, sino que debemos "tomar un avión" y volar sobre ellas. Nunca debemos tratar de convencer ni corregir a nadie valiéndonos de nuestras oraciones. Eso no es una verdadera oración, y no da resultado.

HACER DE LA IGLESIA EN NUESTRA LOCALIDAD UNA IGLESIA QUE ORE

Debemos aprender estos asuntos prácticos y practicarlos en nuestra oración, especialmente en la oración corporativa. Debemos consagrarnos, confesar y orar conforme a la unción interior. Nunca debemos tratar de influir en los demás mediante nuestras oraciones, sino permitir que el Señor los toque directamente. Entonces algo nuevo se producirá. Especialmente, los que llevan la delantera deben orar mucho, incluso más que los demás, y deben ayudar a los demás a llevar una verdadera vida de oración. Deben ayudar a todos los hermanos a orar, uno por uno. El problema hoy es que cuando hay una reunión en la que se da un mensaje, viene mucha gente, pero cuando hay una reunión de oración, sólo viene la tercera parte de los santos. Es como si dijeran: "Si hay un mensaje, iré, pero si sólo hay oración, me quedaré en casa para descansar". En algunas denominaciones, es posible que sólo tres personas asistan a la reunión de oración: el pastor, su esposa y el conserje. Entonces, cuando cantan un himno, el pastor toca el piano, la esposa dirige el himno y el conserje les sigue. He visto tal situación. En algunos lugares, sólo dos de los cinco hermanos que llevan la delantera vienen a la reunión de oración, y los otros tres se ausentan. Si sólo hay pocos en la reunión de oración, esa iglesia será la más débil. La condición normal, no obstante, es que haya más personas en la reunión de oración que en las otras reuniones. Si todos los creyentes vienen a la reunión de oración, esa iglesia será la más prevaleciente; será una iglesia viviente. Debemos orar por nosotros mismos y ayudar a otros a orar. Debemos hacer que la iglesia en nuestra localidad sea una iglesia que ore. Tomen estas palabras e intenten ponerlas en práctica. Entonces veremos las dificultades, pero también veremos la bendición.

Comenzar a orar de esta manera no es fácil por varias razones. Una es que el enemigo no estará dispuesto a permitir que la iglesia ore de esta manera. Por tanto, debemos ser pacientes al pelear la batalla. De hecho, debemos orar. Si no podemos abrirnos paso en cuanto a esto, debemos ayunar; de hecho, es posible que tengamos que pasar toda una noche sin dormir para orar y abrir brecha. Si oramos de esta manera, ciertamente veremos cuánto podrá hacer el Señor. No debemos olvidar cómo los discípulos vinieron al Señor para consultarle acerca del hombre epiléptico que tenía un demonio, preguntándole: "¿Por qué nosotros no pudimos echarlo fuera?". El Señor respondió: "Esta clase de demonios no sale sino con oración y ayuno" (Mt. 17:19, 21).

La oración no es algo sencillo. En este universo no sólo

existe el mundo físico, sino también el mundo espiritual. Las fuerzas espirituales malignas siempre están atacando, impidiendo y obstaculizando la obra del Señor. Debemos orar para hacerle frente a la situación y pelear la batalla. No podemos edificar una iglesia simplemente enseñando doctrinas. Incluso al predicar el evangelio, no podemos simplemente predicar para traer las personas al Señor. Tenemos que orar para pelear la batalla contra las artimañas del hombre fuerte, de modo que el Señor ate al hombre fuerte y sean liberadas las almas que están en su mano. Esto sólo puede llevarse a cabo por medio de la oración prevaleciente, y no sólo por medio de la enseñanza o la predicación.

Quiera el Señor que esto deje una impresión en todos nosotros. Este mensaje no es simplemente una lección dada en un salón de clases; más bien, es un entrenamiento espiritual para que aprendamos y conozcamos el camino del Señor. Busco al Señor en cuanto a esto, y declaro que mi corazón es absolutamente uno con el Señor en cuanto a este asunto. Que el Señor deje una profunda impresión en nosotros en cuanto a esto —más que en cuanto a cualquier otro asunto—, que debemos ir a Él para orar a fin de poner en práctica la vida de iglesia.

Capítulo seis

LA GUERRA ESPIRITUAL QUE REALIZA LA IGLESIA

Lectura bíblica: Ef. 6:10-20; Ez. 37:1-10

LA COMISIÓN DIVINA DE LA IGLESIA

En este capítulo veremos algo acerca de la guerra espiritual realizada por la iglesia. El hombre fue creado con dos propósitos. Por el lado positivo, el hombre fue creado para expresar a Dios, y por el lado negativo, fue creado para darle fin al enemigo de Dios; esto tiene que ver con la imagen de Dios y con Su autoridad. En el Nuevo Testamento, especialmente en Efesios —el libro que más se relaciona con la iglesia—, podemos ver la imagen y la autoridad de Dios, es decir, la manera de expresar a Dios corporativamente y de pelear la batalla contra el enemigo de Dios corporativamente. Casi todas las enseñanzas del Nuevo Testamento se componen de estos dos elementos: la imagen de Dios, para expresar a Dios en Cristo mediante el Espíritu, y la autoridad de Dios, para pelear la batalla y darle fin al enemigo de Dios. Éstos son los dos componentes principales del plan eterno de Dios así como también los dos temas principales de toda la enseñanza contenida en las Escrituras, especialmente en el Nuevo Testamento.

En Efesios podemos ver la imagen de Dios, especialmente en 4:22-24, donde dice que nos despojemos del viejo hombre y nos vistamos del nuevo, esto es, que nos vistamos de la creación nueva y corporativa hecha en Cristo, la cual fue creada conforme a la imagen del Creador, es decir, de Dios mismo. La iglesia como nueva creación tiene la imagen de Dios a fin de que exprese a Dios en Cristo por medio del Espíritu Santo.

Finalmente, en el último capítulo de Efesios, vemos la batalla, la guerra, la lucha espiritual que se libra para darle fin a las huestes malignas del reino de las tinieblas, es decir, para destruir al enemigo de Dios. Si realmente somos la iglesia victoriosa, si ponemos en práctica la verdadera vida de iglesia, entonces el Señor será expresado por medio de nosotros, de modo que verdaderamente tendremos Su imagen así como la autoridad celestial para pelear la guerra espiritual y derrotar al enemigo de Dios.

Los dos aspectos de la comisión divina de la iglesia son: expresar a Dios en Cristo por medio del Espíritu y darle fin al enemigo de Dios. El propósito de los mensajes contenidos en este libro no es simplemente ayudarnos a conocer algunas verdades, doctrinas o enseñanzas; más bien, es ayudarnos a que llevemos la vida genuina de un cristiano, la cual es la verdadera vida de iglesia, la vida victoriosa y corporativa del Cuerpo, a fin de expresar a Cristo y derrotar al enemigo de Dios. Por el lado positivo, debemos impartir Cristo a las personas, exhibir a Cristo, glorificarlo y expresar Su imagen divina. Por el lado negativo, tenemos que pelear la batalla, vencer al enemigo, atar al hombre fuerte y expulsar las huestes de las tinieblas. Ésta es la comisión divina que el Señor le confió a la iglesia. ¿Para qué estamos aquí? Por el lado positivo, para exhibir y expresar a Cristo, y por el lado negativo, para pelear la guerra espiritual a fin de darle fin al enemigo de Dios.

Si leemos de nuevo Efesios con esta perspectiva, veremos que podemos resumir el libro entero con estos dos aspectos. La iglesia es el Cuerpo de Cristo, que expresa, exhibe y glorifica a Cristo en la imagen divina y, además, la iglesia pelea la batalla para introducir el reino venidero, darle fin al enemigo de Dios y expulsar las huestes malignas de las tinieblas.

LA GUERRA ESPIRITUAL SE REALIZA CORPORATIVAMENTE

Efesios 6:10-20 es el pasaje más claro del Nuevo Testamento en cuanto a la guerra espiritual. La guerra espiritual no se lleva a cabo individualmente. Muchos de nosotros fuimos ayudados por el libro *El progreso del peregrino* cuando

LA GUERRA ESPIRITUAL QUE REALIZA LA IGLESIA 75

éramos jóvenes; sin embargo, el autor de ese libro, Juan Bunyan, presentó la guerra espiritual como algo individualista. Esto podría causar que las personas piensen que el guerrero revelado en Efesios 6 es un creyente individual. Pero en realidad, el guerrero presentado allí es un guerrero corporativo, tal como también son entidades corporativas el Cuerpo (en el capítulo uno), el nuevo hombre, la casa de Dios y el edificio (en el capítulo dos), la iglesia como misterio de Cristo (en el capítulo tres), el Cuerpo y el nuevo hombre (en el capítulo cuatro) y la novia como esposa (en el capítulo cinco). Estos pasajes no hablan de personas individuales, sino de una persona corporativa, la cual es la iglesia. La iglesia es el Cuerpo corporativo de Cristo, el nuevo hombre corporativo, el edificio corporativo, el misterio corporativo, la esposa corporativa y el guerrero corporativo. Por tanto, la guerra espiritual no es librada por santos individualmente, sino por la iglesia. Si no llevamos la vida de iglesia, no tenemos base alguna para pelear la guerra espiritual. Si no estamos en la realidad de la vida del Cuerpo, no tenemos base para pelear la batalla; es decir, ya hemos sido derrotados. Sin la vida de iglesia, estamos derrotados, y es imposible que una persona derrotada luche contra el enemigo.

La base y la posición para que luchemos contra el enemigo es la iglesia, y la iglesia está en Cristo, en el Espíritu y en los lugares celestiales. Por una parte, si alguien ha sido salvo, ciertamente está en Cristo, aunque sea un cristiano derrotado. Sin embargo, si esa persona no participa en la realidad de la vida del Cuerpo, entonces, conforme a la experiencia, no está en Cristo de una manera concreta. Por consiguiente, para pelear la guerra espiritual, debemos participar en la vida de iglesia.

Podemos declarar: "¡No estamos en la tierra, sino que estamos en los lugares celestiales!". Mientras seamos terrenales, aunque sea sólo un poco, estamos derrotados. Tenemos que mantener nuestra base y posición celestiales, pero debemos entender que dicha base la ocupa el Cuerpo corporativamente, y no los miembros separadamente.

En las fuerzas armadas, es absurdo que un soldado pelee solo. Para pelear la batalla, debemos formar un ejército. Si no formamos un ejército, no hay posibilidad de pelear la batalla. En Ezequiel 37, cuando los huesos muertos fueron avivados, todos se unieron. Cuando estaban muertos, estaban dispersos, yacían en una muerte completa y absoluta, pero cuando fueron avivados, llegaron a ser miembros que se unieron para formar un cuerpo viviente. Según el contexto de este capítulo, dicho cuerpo viviente es la casa de Jehová, el edificio, la morada de Dios y el ejército. Este cuerpo es el edificio y el ejército. Todo esto es un buen cuadro de la vida que es propia del Cuerpo. ¿Podrían algunos huesos separados y dispersos pelear la batalla? Eso es absurdo. Debemos entender que no importa qué tan fuertes nos sintamos, no somos aptos para pelear la batalla por nosotros mismos. Es el Cuerpo el que pelea la batalla. Debemos ser juntamente edificados. Debemos estar en unidad y armonía, como el Cuerpo viviente, el edificio viviente y la casa viviente de Dios. Entonces podemos ser el ejército.

Si leemos todo Efesios, desde el primer capítulo hasta el sexto, veremos que es el Cuerpo de Cristo el que pelea la batalla, y el Cuerpo es una nueva creación en Cristo, en el Espíritu y en los lugares celestiales. Primero debemos llevar la vida del Cuerpo y, luego, podemos pelear la batalla. Si no llevamos la vida que es propia del Cuerpo, simplemente no somos aptos para pelear la batalla. Para pelear la batalla debemos estar en la realidad de la vida del Cuerpo. Para pelear por los Estados Unidos, se debe estar en las fuerzas armadas estadounidenses. Nadie puede ir al campo de batalla solo; nadie sería tan insensato como para hacer esto. Primero, uno debe unirse al ejército y ser entrenado, ser edificado y formar parte del ejército. Ocurre exactamente lo mismo con respecto al Cuerpo de Cristo. ¿Por qué se halla la guerra espiritual en el último capítulo de Efesios y no en el primero, el segundo o incluso en el quinto capítulo? Porque la guerra tiene que ver con el Cuerpo, el cual está en Cristo, en el Espíritu y en los lugares celestiales.

LA GUERRA ESPIRITUAL SE LIBRA EN CONTRA DE LAS HUESTES ESPIRITUALES DE MALDAD

También debemos entender que la guerra espiritual no es una pelea que se libra en contra de los hombres, es decir, en contra de carne y sangre; más bien, luchamos contra las huestes espirituales, los espíritus malignos. Esto no es un asunto insignificante. Todavía recuerdo muy bien cuando el hermano Watchman Nee celebró una conferencia en 1928 en la que habló sobre la guerra espiritual de una manera muy práctica y detallada. El enemigo lo atacó mucho por esto. Después de cierto tiempo, me dijo: "Hermano, si vamos a hablar de la guerra espiritual y presentarla de manera concreta, necesitamos que por lo menos treinta hermanos y hermanas oren por nosotros día y noche. De lo contrario, habrá muchos ataques". Por tanto, ¡que el Señor nos cubra con Su sangre! Las huestes espirituales malignas no son simplemente una doctrina o un término que usamos. En el universo existen tales huestes de maldad, las cuales son el reino de las tinieblas, los espíritus malignos. Incluso hoy quizás no comprendamos cuánto están trabajando los espíritus malignos para dañar el reino de Dios, a fin de obstaculizar el cumplimiento del propósito de Dios. Ésta es una verdadera lucha. Por tanto, debemos saber que no luchamos contra carne y sangre, sino que luchamos contra los espíritus malignos. Nuestro enemigo no es el hombre; más bien, nuestro enemigo son las huestes de las tinieblas.

Es difícil calcular cuántos rumores ha diseminado el enemigo durante los últimos años, incluso hasta el día de hoy. En 2 Corintios 6:8 el apóstol Pablo habla de "mala fama y buena fama". Incluso el apóstol sufrió de mala fama. La mala fama consiste simplemente en rumores. No tengo el tiempo ni el deseo para hablar de esto en detalle, pero es un hecho que constantemente ha habido rumor tras rumor diseminado en contra de nosotros. Cuando alguien participa en el liderazgo, está expuesto a ser atacado, y el ataque del enemigo se centra en esa persona. Cuando estábamos en China continental, el hermano Nee estaba muy expuesto al ataque porque él llevaba la delantera. Yo estaba muy cerca de él, y casi día tras día pude ver muchas situaciones. Desde 1934 entré en esta lucha, porque ya desde ese tiempo empecé a participar en la responsabilidad de llevar a cabo dicha guerra. Pude ver las artimañas, las tácticas y el proceder sutil del enemigo, y vi lo mucho que fue atacado nuestro hermano Nee. Los ataques más graves eran los rumores.

Es una realidad que en este universo existen las huestes malignas de las tinieblas —los espíritus malignos—, que luchan, obstaculizan y causan daño a los intereses del reino del Señor y a Su testimonio. ¿Qué debemos hacer? ¿Debemos considerar que nuestros enemigos son aquellos que han sido usados por el enemigo para divulgar rumores en contra nuestra? Si hacemos esto, erramos. El verdadero enemigo no son las personas; nuestro verdadero enemigo son las huestes malignas que se ocultan detrás de dichas personas. Las personas simplemente son títeres que el enemigo manipula. No debemos pelear contra tales personas; más bien, debemos pelear en contra de las fuerzas malignas que manipulan a dichas personas. La manera de pelear contra las fuerzas malignas no es combatir valiéndonos de la carne, sino por el Espíritu, en el Espíritu y por medio de la oración. La única manera en la que podemos luchar contra el enemigo que se oculta detrás de ciertas personas, es por medio de la oración, apelando al trono que está en los cielos, el cual es la autoridad más elevada. Por tanto, es necesario que oremos corporativamente, de una manera real y prevaleciente. La iglesia tiene que reunirse para orar, y no para combatir contra ninguna persona. He aprendido la lección que siempre que haya un rumor, no debemos enfrentarnos con él directamente. Si corre un rumor en contra de la iglesia, no debemos hablar con la gente ni explicarle las cosas. Cuanto más explicamos, más rumores se producen. Simplemente debemos ir al Señor y apelar a la autoridad más elevada. Por medio del trono combatimos contra las fuerzas malignas que se ocultan detrás de sangre y carne. Debemos aprender esto y practicarlo.

TODA LA ARMADURA DE DIOS

Ceñidos con la verdad

La mayoría de los elementos que componen la armadura divina de Dios en Efesios 6 sirven para darnos protección. Primero, debemos ceñir nuestros lomos con la verdad (v. 14a). La verdad aquí no se refiere a la doctrina de la palabra de Dios, ya que la palabra se relaciona con la espada, la cual vemos en el versículo 17. La verdad se refiere a la fidelidad, la sinceridad y la realidad. Al practicar la vida de iglesia, debemos ser personas reales, genuinas. Yo debo ser veraz con usted, y usted debe ser veraz conmigo. No debe haber falsedad ni pretensión. Si fingimos y somos falsos, no hay verdad entre nosotros; es decir, no somos personas reales. Un proverbio chino dice: "Fingir es como pararse sobre hielo que se derrite". En la vida de iglesia, todo lo que hagamos y digamos debe ser real. De lo contrario, no deberíamos hacerlo ni decirlo. Si amamos a un hermano, debemos amarlo en realidad. Si no lo amamos, no debemos fingir o aparentar que le amamos. Fingir que amamos a alguien, sin que haya amor real, es algo falso. Esto hace que perdamos la posición apropiada para pelear la batalla, y dará oportunidad a que los espíritus malignos ataquen nuestra conciencia. Los espíritus malignos saben dónde estamos, qué somos y qué hay en nuestro corazón. Por tanto, debemos ser personas reales, genuinas, no sólo delante de Dios, sino también delante del enemigo. Entonces estaremos apoyados sobre la base apropiada para pelear la batalla.

El versículo 14 habla acerca de ser ceñidos con la verdad. Ser ceñidos significa ser fortalecidos. Si no tenemos realidad, y todo en la iglesia es falso, perderemos el elemento que nos ciñe y no podremos ser fortalecidos. Un soldado debe estar ceñido a fin de tener la fuerza para pelear. Si no tenemos realidad, sino que fingimos, somos falsos, no hablamos cosas verdaderas ni hacemos cosas reales, entonces, estaremos acabados y no podremos pelear la batalla.

Para mantener la verdad, la sinceridad, la fidelidad y la realidad entre los santos, debemos hacer todo de manera real, genuinamente. No debemos fingir en nada. Debemos aborrecer las apariencias. Lamento la situación que existe entre muchos cristianos actualmente. Incluso algunas de las personas espirituales son diplomáticas. Es posible que hablen cortésmente con un hermano, pero una hora más tarde quizás hablen mal de él. Esto es jugar a la política. Si por la gracia y misericordia de Dios en realidad deseamos experimentar la iglesia, debemos hablar veraz y fielmente con los hermanos.

Podemos decirle a alguien: "Hermano, en este asunto no estoy de acuerdo con usted. Pienso que usted se ha equivocado". No obstante, debemos decir esto en el espíritu y no en la carne. Si no podemos decirlo en el espíritu, es mejor no hablar, pero tampoco debemos fingir. No debemos decirle a un hermano que todo está bien y luego decirle algo diferente a otra persona. Esto es falsedad; esto causa que la iglesia sea falsa y no verdadera. Si éste es el caso, la iglesia perderá la debida posición para pelear la batalla.

Si decimos mentiras unos a otros, ya hemos sido derrotados. Si usted finge que me ama, y yo finjo ser amable con usted, ya hemos sido derrotados por el enemigo. ¿Cómo podremos entonces pelear la batalla? Debemos ser sinceros con los santos. Si nos damos cuenta de que un hermano no puede recibir una palabra nuestra ahora o si consideramos que no estamos plenamente en el espíritu, no debemos decir nada. No juguemos a la política; no seamos diplomáticos entre los hijos del Señor. Por supuesto, no debemos perder la paciencia. No debemos enfadarnos con la gente, sino que, más bien, debemos ser genuinos.

La coraza de justicia

También necesitamos vestir la coraza de justicia (v. 14b). Debemos ser justos; no debemos ser injustos. Si perdemos nuestra justicia, perdemos la posición para pelear la batalla espiritual. Si todos mentimos, por ejemplo, habrá falsedad e injusticia entre nosotros. La justicia debe ser mantenida entre los santos en la iglesia; de lo contrario, el enemigo aprovechará la injusticia que haya en la iglesia como un punto débil por dónde atacar. Ésta es la razón por la que debemos eliminar todas las cosas injustas, a fin de mantener la justicia en la iglesia. Si no tenemos justicia, no podremos protegernos el pecho. Esto tiene que ver con la conciencia. Necesitamos la justicia como una coraza para proteger nuestra conciencia. Si la justicia no es nuestra cubierta, vendrán ataques contra nuestra conciencia.

Calzados los pies con el evangelio de la paz

El versículo 15 dice que debemos calzar los pies con el

firme cimiento del evangelio de la paz. Aquí el evangelio se compara con un par de zapatos. Cuando andamos, tocamos la tierra, y hay muchas cosas que pueden ensuciar nuestros pies o lastimarlos. Por tanto, necesitamos un buen par de zapatos que protejan nuestros pies, para que no se ensucien ni se lastimen al andar por la tierra. ¿Cuál es el calzado de los cristianos? La predicación del evangelio. El evangelio es un buen par de zapatos que protege nuestros "pies" cristianos para que no se ensucien ni se lastimen por el contacto terrenal. Así que, necesitamos predicar el evangelio. Dondequiera que vayamos, debemos decirles a las personas que somos cristianos y que ellas deben creer en Cristo Jesús como el Señor. Si hacemos esto, estaremos protegidos. Debemos ganar a los demás con la predicación del evangelio. Esto es una protección para nosotros.

El escudo de la fe

El escudo de la fe apaga todos los dardos de fuego del maligno (v. 16). La mayoría de estos dardos son dudas. Debemos desechar todas nuestras dudas, no solamente las dudas acerca de Dios, sino incluso aquellas acerca de los creyentes, de los hermanos y las hermanas. El enemigo envía constantemente dardos de fuego para hacernos dudar de otros. Si recibimos esos dardos que nos hacen dudar, tendremos problemas con los hermanos. Siempre debemos tener fe para protegernos de los dardos con los que el enemigo nos ataca.

El yelmo de la salvación

El yelmo de la salvación cubre nuestra cabeza (v. 17a). A medida que experimentamos la vida de iglesia y peleamos la batalla, necesitamos orar para que el Señor cubra nuestra cabeza. El Señor debe cubrir nuestra cabeza con Su sangre preciosa y victoriosa. Nuestra cabeza necesita tal cubierta porque tiene que ver con la mente, con la manera de pensar. El enemigo siempre encuentra oportunidades, aperturas, en nuestra mente por las cuales puede entrar y atacarnos. Cuando los santos llevan juntos sólo unas semanas, se sentirán bien unos con otros; pero gradualmente, al pasar los meses y los años, quizás se crean sospechas entre ellos.

No sabemos por qué, pero los santos empiezan a sospechar unos de otros sin razón alguna. Éste es un ejemplo del ataque del enemigo. Otra clase de pensamientos nos llegan como dardos del enemigo. Por tanto, necesitamos cubrir nuestra cabeza. Debemos orar para que el Señor cubra nuestra cabeza, nuestros pensamientos, nuestra mente. Necesitamos recibir el yelmo de la salvación.

La espada del Espíritu

Además de los elementos ya mencionados, hay dos armas. La primera consiste en ejercitarnos para contactar la palabra por medio del Espíritu (v. 17b). Debemos leer la palabra con oración, de modo que sea viviente, poderosa y prevaleciente a nosotros. Debemos tomar la palabra como poder viviente, y no como letras muertas. Podemos blandir la palabra como espada viviente para atacar al enemigo. Ésta es nuestra arma ofensiva.

Toda oración y petición

El último elemento de la armadura es el más importante, a saber, la oración (vs. 18-19). Esto no consiste simplemente en orar por nuestros pequeños asuntos personales. Muchos buenos santos oran día a día, pero sólo oran por sus pequeños asuntos, tales como su hogar y sus mascotas. Cierta hermana mayor de edad en mi ciudad natal oraba mucho por los pollos que criaba. Oraba para que el Señor protegiera los pollos y proveyera las cosas que necesitaba para criarlos. Debemos olvidarnos de todos los asuntos relacionados con nuestra familia y nuestro vivir cotidiano. El Señor nos dijo que nuestro Padre sabe todo lo que necesitamos; más bien, debemos orar por el reino, por el evangelio, por la iglesia y por los intereses del Señor.

El versículo 18 dice: "Con toda oración y petición orando en todo tiempo en el espíritu, y para ello velando con toda perseverancia y petición por todos los santos". La *oración* es un término general, mientras que *la petición* consiste en orar de manera más específica y con un propósito definido. Los versículos 19 y 20 continúan diciendo: "Y por mí, a fin de que al abrir mi boca me sea dada palabra para dar a conocer con denuedo el misterio del evangelio, por el cual soy embajador en cadenas, para que en ello hable con denuedo, como debo hablar". La palabra *mí*, en el versículo 19, se refiere al apóstol, al enviado. Y el término *palabra* aquí corresponde al vocablo griego *logos;* nuestra expresión radica en el habla, que se manifiesta apropiadamente en palabras. Estos versículos indican que las cosas por las cuales debemos orar son: el reino de Dios, los santos de Dios, el evangelio del Señor y los intereses del Señor. Por ejemplo, al ver situaciones que ocurren en la iglesia, no debemos contarlas como si fueran noticias, proporcionando material a otros para que chismeen. Chismear sobre los asuntos de la iglesia le abre la puerta al enemigo para que entre y ataque la iglesia. Cuanto más sepamos cosas sobre la iglesia, más tenemos que llevarlas al Señor, a fin de tocar el trono con nuestras oraciones prevalecientes. Ésta es la manera correcta de orar. Si experimentamos apropiadamente la vida de iglesia, detendremos todo chisme y oraremos de manera prevaleciente, viviente, activa y positiva. Iremos al Señor para orar, para tocar el trono y para llevar todos los problemas al trono.

Nuestro deseo es poner en práctica la verdadera vida de iglesia, pero esto conlleva muchas cosas. Por tanto, debemos dejar de chismear y de hablar sueltamente, y debemos ser positivos y activos en la oración. Debemos ir al Señor y orar personalmente y también orar con otros dos o más. Debemos estar apoyados sobre el terreno y la posición de la iglesia, identificarnos con la Cabeza celestial y orar de manera prevaleciente por la iglesia. Si vemos que alguien tiene cierta debilidad, no debemos hablar acerca de ello. Si vemos que algunos de los que llevan la delantera no son aptos, no debemos criticarlos. En cambio, debemos ir a la Cabeza que está en el trono y orar. Entonces el Señor solucionará el problema o lo quitará de en medio.

No debemos señalar a nadie diciendo: "Qué clase de líder o anciano es ése?". Al criticar a otros de esa manera, dañamos la vida de iglesia y le abrimos la puerta al enemigo para que entre y ataque la iglesia e introduzca muerte en el Cuerpo. Si hacemos esto, ya hemos sido derrotados por el enemigo. Perderemos nuestra posición y causaremos mucho daño a la iglesia. Lo único que debemos hacer es llevar este asunto a la Cabeza y orar: "Señor, ten misericordia de nosotros y ten misericordia de este hermano. Señor, Tú decide lo que tengas que hacer". El Señor honrará nuestra oración. Si oramos de esta manera, seremos aquellos que se mantienen firmes en la puerta para cerrarle el camino al enemigo, para que no entre y ataque al Cuerpo ni le cause daño. Simplemente debemos ir al Señor y orar. Si otros ven lo mismo que nosotros, debemos unirnos e ir al Señor para orar. Nuestra arma es orar por los asuntos que vemos y por los siervos del Señor.

Debemos estar firmes sobre el terreno apropiado, el cual consiste en permanecer en la iglesia, en Cristo, en el Espíritu y en los lugares celestiales. Además, no estamos peleando contra seres humanos, sino que estamos combatiendo contra las huestes malignas de las tinieblas, contra el reino del enemigo. Éste es nuestro verdadero enemigo. También debemos echar mano de nuestras defensas, que son: ceñirnos con la verdad, portar la coraza de justicia, calzar nuestros pies con el evangelio, usar el escudo de la fe y ponernos el yelmo de la salvación. Además, debemos aprender a ejercitarnos en la palabra y en el espíritu de una manera viviente, y debemos aprender a orar y a hacer peticiones. Frecuentemente debemos orar con toda clase de oración y petición.

La vida de iglesia es una vida de oración. Les ruego especialmente a los que toman la delantera entre los santos, que lleven una verdadera vida de oración. Los hermanos que están en el liderazgo deben reunirse para orar con frecuencia, y deben orar mucho. De esta manera ayudarán a todos los santos a que aprendan a llevar una vida de oración. Simplemente tener la reunión de oración de la iglesia una vez por semana no es suficiente. La iglesia debe llevar una vida de oración, y los que están en el liderazgo deben ser los que toman la delantera respecto a tal vida de oración. Todos estos elementos componen la armadura que necesitamos para pelear la batalla. En estos días, la batalla no es algo pequeño. No es insignificante hablar sobre el propósito eterno de Dios, sobre Su pensamiento central, sobre la vida de iglesia, sobre el testimonio y sobre el recobro del testimonio. No podremos tener éxito sólo con palabras y la predicación; tenemos que experimentar estos asuntos mediante la lucha y la oración. Aquí hay muchas lecciones que tenemos que aprender. Si el Señor nos concede Su gracia para que aprendamos las lecciones de experimentar la vida del Cuerpo y la verdadera guerra espiritual, no habrá necesidad de otras enseñanzas. Esto será suficiente. Con esto nos ejercitaremos y seremos disciplinados, gobernados y regidos por el Señor en el espíritu. Aprenderemos todas las lecciones espontáneamente y no habrá necesidad de que otros nos enseñen y dirijan, pues estas lecciones nos guiarán. Ésta es la única manera en la que podemos experimentar la vida de iglesia y obtener un verdadero recobro del testimonio del Señor sobre la tierra, especialmente en este país. Ésta es la razón por la que me abruma una carga tan pesada por estos asuntos, y ésta es la razón por la que he guardado tales asuntos para el final de estos mensajes. Estoy esperando ver cuál será el resultado de estas lecciones. Oremos y busquemos al Señor para que haga real estas cosas a nosotros, de modo que cada uno de nosotros pueda experimentar la vida de iglesia y la verdadera guerra espiritual, con miras a que se establezca el reino del Señor.

Acerca del autor

Witness Lee nació en 1905 en el seno de una familia cristiana al norte de China. A la edad de diecinueve años fue plenamente cautivado por Cristo y de inmediato dedicó su vida a predicar el evangelio. Poco después de comenzar a servir al Señor, conoció a Watchman Nee, un renombrado predicador, maestro y escritor cristiano. Witness Lee laboró junto con él y bajo su dirección. En 1934 Watchman Nee confió a Witness Lee la responsabilidad de la Librería evangélica de Shanghai, la cual publicaba sus escritos.

En 1949, antes de que el régimen comunista se estableciera en China, Watchman Nee y sus colaboradores enviaron a Witness Lee a Taiwan para que no se perdiera lo que el Señor les había encomendado. Watchman Nee encargó a Witness Lee que continuara la obra de publicación por medio de la Librería evangélica de Taiwan, la cual es reconocida públicamente como la editora de las obras de Watchman Nee fuera de la China. La labor de Witness Lee en Taiwan manifestó la abundante bendición del Señor. Comenzando con un grupo de 350 creyentes, la mayoría de los cuales había huido de la China continental, las iglesias en Taiwan llegaron a 20,000 miembros en cinco años.

En 1962 Witness Lee fue guiado por el Señor a mudarse a los Estados Unidos y se radicó en California. Durante sus 35 años de servicio en dicho país, dio miles de mensajes en reuniones durante la semana y en conferencias los fines de semana. Una gran parte de sus mensajes se ha publicado en más de 400 libros, muchos de los cuales han sido traducidos a más de catorce idiomas. Dio su última conferencia en febrero de 1997 a la edad de 91 años.

Witness Lee deja como legado una amplia presentación de la verdad contenida en la Biblia. Su obra principal, *Estudio-vida de la Biblia*, consta de más de 25,000 páginas de explicaciones sobre todos los libros de la Biblia, desde la perspectiva del disfrute y la experiencia que el creyente tiene de la vida de Dios en Cristo por medio del Espíritu Santo. Witness Lee fue el editor principal de una nueva traducción del Nuevo Testamento al chino, y dirigió la traducción del mismo al inglés. La Versión Recobro también ha sido traducida a otros idiomas, incluyendo el español, y contiene un cuerpo extenso de notas de pie de página, bosquejos y citas paralelas. Los mensajes de Witness Lee se transmiten por la radio en numerosas emisoras cristianas en los Estados Unidos y en otros países. En 1965 Witness Lee fundó Living Stream Ministry, una corporación sin ánimo de lucro radicada en Anaheim California, la cual difunde oficialmente el ministerio de Witness Lee y Watchman Nee.

El ministerio de Witness Lee se centra en la experiencia que el creyente tiene de Cristo como vida y en la unidad práctica de los creyentes como Cuerpo de Cristo. Con este énfasis, él guió a las iglesias que estuvieron bajo su cuidado a crecer en la vida y el servicio cristiano. Fue firme en su convicción de que Dios no se complace en el sectarismo, sino que tiene como meta producir el Cuerpo de Cristo. En respuesta a dicha convicción, los creyentes simplemente empezaron a reunirse como la iglesia en sus localidades. En años recientes, numerosas iglesias han sido establecidas en Rusia y en varios países de Europa.

OTROS LIBROS PUBLICADOS POR
Living Stream Ministry

Títulos por Witness Lee:

La experiencia de vida	0-87083-632-3
El conocimiento de la vida	0-87083-917-9
El árbol de la vida	1-57593-813-8
La economía de Dios	0-87083-536-x
La economía divina	0-87083-443-6
La economía neotestamentaria de Dios	0-87083-252-2
Cristo es contrario a la religión	0-7363-1012-6
El Cristo todo-inclusivo	0-87083-626-9
La revelación básica contenida en las santas Escrituras	1-57593-323-3
La revelación crucial de la vida hallada en las Escrituras	1-57593-811-1
El Espíritu con nuestro espíritu	0-7363-0259-x
La expresión práctica de la iglesia	0-87083-905-5
La especialidad, la generalidad y el sentido práctico de la vida de iglesia	0-87083-123-2
La carne y el espíritu	0-87083-793-1
Nuestro espíritu humano	0-87083-259-x
La autobiografía de una persona que vive en el espíritu	0-7263-1126-2
La preciosa sangre de Cristo(folleto)	0-7363-0228-x
La certeza, seguridad y gozo de la salvación (folleto)	0-7363-0991-8
Los vencedores	0-87083-724-9

Títulos por Watchman Nee:

Cómo estudiar la Biblia	0-7363-0539-4
Los vencedores que Dios busca	0-7363-0651-x
El nuevo pacto	0-7363-0064-3
El hombre espiritual	0-7363-0699-4
La autoridad y la sumisión	0-7363-0987-x
La vida que vence	1-57593-909-6
La iglesia gloriosa	0-87083-971-3
El ministerio de oración de la iglesia	1-57593-908-8
El quebrantamiento del hombre exterior y la liberación del espíritu	1-57593-380-2
El misterio de Cristo	1-57593-395-0
El Dios de Abraham, de Isaac y de Jacob	1-57593-377-2
El cantar de los cantares	1-57593-956-8
El evangelio de Dios (2 tomos)	1-57593-940-1
La vida cristiana normal de la iglesia	0-87083-495-9
El carácter del obrero del Señor	1-57593-449-3
La fe cristiana normal	0-87083-779-6

Disponibles en
librerías cristianas o en Living Stream Ministry
2431 W. La Palma Ave. • Anaheim CA 92801
1-800-549-5164 • www.livingstream.com